ASIATISCH GENIESSEN

ASIATISCH GENIESSEN

ARCHITEKTUR INSZENIERT ESSKULTUR

Edition **DETAIL**

IMPRESSUM

Herausgeber: Christian Schittich

Autoren: Naomichi Ishige, Osaka; Thomas Linkel, München; Stefan Stiller, Shanghai; Gin-Young Song, Zürich; Beate Tröger, Frankfurt am Main (Projektteil)

Redaktion: Cornelia Hellstern (Projektleitung), Samay Claro, Anna Gonchar, Kai Meyer, Eva Schönbrunner

Lektorat: Cosima Frohnmaier, München (Projektteil); Katinka Johanning, Markt-Schwaben (Essays)

Übersetzung ins Deutsche (Essay von Naomichi Ishige): Nicoline Brohdehl für keiki communication, Berlin

Zeichnungen: Ralph Donhauser

Art Direktion und Design: Christoph Kienzle, ROSE PISTOLA, München

Herstellung/DTP: Roswitha Siegler

Reproduktion: ludwig:media, Zell am See

Druck und Bindung: Kessler Druck + Medien, Bobingen

© 2015, erste Auflage
DETAIL – Institut für internationale Architektur-Dokumentation GmbH & Co. KG, München
www.detail.de

ISBN 978-3-95553-264-2 (Print)
ISBN 978-3-95553-265-9 (E-Book)
ISBN 978-3-95553-266-6 (Bundle)

Der Beitrag »Die Esskulturen ostasiatischer Familien in ihrer historischen Entwicklung« von Naomichi Ishige ist dem Journal of Chinese Dietary Culture (2.2, 2006, S. 1–26; Originaltitel: »East Asian Families and the Dining Table«) entnommen. Mit freundlicher Genehmigung der Foundation of Chinese Dietary Culture.

Bibliografische Information der Deutschen Nationalbibliothek. Die Deutsche Nationalbibliothek verzeichnet diese Publikation in der Deutschen Nationalbibliografie; detaillierte bibliografische Daten sind im Internet über http://dnb.d-nb.de abrufbar.

Die für dieses Buch verwendeten FSC-zertifizierten Papiere werden aus Fasern hergestellt, die nachweislich aus umwelt- und sozialverträglicher Herkunft stammen.

INHALT

ASIATISCHE ESSKULTUR: VIELSEITIGE SPEISEN, STIMMUNGSVOLLE RÄUME

CHRISTIAN SCHITTICH

Gerade unter Architekten heißt es häufig: »Schauen wir zum Italiener«, wenn es darum geht, gut und in angenehmer Umgebung zu essen. Afghanisch, indisch oder chinesisch? – Zu exotisch, zu stereotyp oder von der räumlichen Atmosphäre her auch zu banal! Doch dem allgemeinen Trend folgend, finden auch in unserer Berufsgruppe asiatische Lokale immer mehr Zuspruch; ihre Vielfalt nimmt als positive Begleiterscheinung der voranschreitenden Globalisierung in den Städten Mitteleuropas stetig zu. Das führt nicht zuletzt zu einem wachsenden Angebot an authentischen Restaurants, die durch ihre kulinarische Qualität ebenso beeindrucken, wie durch die besondere Gestaltung ihrer Innenräume. Zeichneten sich lange Zeit vor allem Chinesen und Inder durch eine klischeehafte, überschwänglich ornamentierte Einheitsdekoration von der Stange aus, so finden sich heute auch in diesem Bereich zunehmend individuell konzipierte Lokale. Ihren Entwerfern gelingt es oft mit sehr einfachen Mitteln, eine außergewöhnliche Atmosphäre zu schaffen und den Bezug zur jeweiligen Kultur herzustellen, ohne sich anzubiedern. Und das trifft nicht nur auf gehobene Restaurants zu,

sondern auch auf viele preiswerte Take-away-Läden. Zu Recht erfahren diese Lokale gegenwärtig eine gesteigerte Aufmerksamkeit.

Vor allem aber hat das asiatische Essen selbst seine zunehmende Würdigung verdient. Der Kontinent ist äußerst vielfältig und heterogen, und genauso vielfältig sind auch seine regionalen Küchen. Gemeinsam aber ist den meisten von ihnen ein hoher Qualitätsanspruch und die Frische ihrer Speisen.
Sicherlich nimmt die japanische Küche unter ihnen eine Spitzenreiterrolle ein. Als hätte es dafür überhaupt noch eines Nachweises bedurft, unterstreichen das neuerdings auch die Bewertungen im Guide Michelin. Denn als vor einigen Jahren das Land in den renommierten Gourmetführer aufgenommen wurde, verdrängte es nach der Anzahl der vergebenen Sterne ebenso umgehend wie nachhaltig den bisherigen Spitzenreiter Frankreich von dessen angestammten ersten Platz. Gleichzeitig verweist Tokio seither ebenso regelmäßig Paris bei der Anzahl der Drei-Sterne-Restaurants deutlich auf die Plätze. Damit hatten wohl selbst

die Herausgeber – überzeugt von der kulinarischen Dominanz der Grande Nation – nicht gerechnet. Selbst wenn dieses Ergebnis kaum jemanden, der die japanische Küche schon einmal in ihrer ganzen Raffinesse erleben durfte, überraschen mag, muss man fairerweise einräumen, dass bei dieser Betrachtung zweifellos die schiere Zahl der Esslokale mit ins Gewicht fällt. Auch in diesem Ranking rangiert die japanische Hauptstadt mit ihren (angeblich) etwa 160 000 Einrichtungen weltweit an erster Stelle.

Außer Haus zu essen hat in Japan wie in ganz Asien (wo die Wohnungen manchmal zu eng für eigene Küchen sind) einen hohen Stellenwert.
Hier wie in den Nachbarländern finden sich an beinahe jeder Ecke Speiselokale von der Nudelküche bis zum Nobelrestaurant. Jedem Asienreisenden fällt auf, wie allgegenwärtig das Essen dort im öffentlichen Leben ist, aber auch, welche Bedeutung diesem in geschlossener Gesellschaft beigemessen wird, und so bleiben ihm viele damit zusammenhängende Erlebnisse in Erinnerung. Wie das köstliche Sushi auf der japa-

Die Vielfalt der
asiatischen Küche im
Kleinen: traditionelle
koreanische Mahlzeit

nischen Insel Kyushu, das aber – wie sich nach dem Essen herausstellt – nicht vom Fisch, sondern den örtlichen Gepflogenheiten entsprechend vom Pferd stammt. Oder das ungezwungene Picknick der Gläubigen nach dem Gebet auf dem Teppich mitten in der Moschee im pakistanischen Lahore, ebenso wie die Einladung zu Paschtunen in Peschawar. Auch in ihrem Haus wird ein reichhaltiges Mahl auf dem Fußboden ausgebreitet und verzehrt. Allerdings – vom Kleinkind bis zum Greis – nur unter Männern, denn die Frauen, die der Fremde nicht zu Gesicht bekommen darf, müssen sich später nebenan mit den Resten begnügen.

Besonders im Gedächtnis bleibt auch die Gastfreundschaft der Nomaden in den endlosen Weiten des tibetischen Hochplateaus. Den ganzen Tag über köchelt auf einem Feuer in der Mitte ihres schwarzen Zelts der mit ranziger Yakbutter und Salz zubereitete Tee vor sich hin. Dieser wird dem unerwartet auftauchenden, ausgelaugten Wanderer, den es nach mehreren Tagen Einsamkeit hierher verschlagen hat, umgehend angeboten. In drastischem Gegensatz dazu steht das vornehme Geschäftsessen in einem Meeresfrüchterestaurant in der nordchinesischen Küstenstadt Dalian, wo neben mehr oder weniger vertraut aussehenden Fischen in den zahlreichen Aquarien allerlei schlangenartiges Gewürm in bunten Plastikschüsseln schwimmt. Auch von diesem muss der Gast dann unbedingt kosten, gleichgültig, ob er das will oder nicht. Unvergesslich bleiben aber auch die quirligen bunten Märkte überall, mit all dem frischen Obst und Gemüse in Jaipur oder Mumbai, dem exotischen Fisch in Tokio, den gefüllten Teigtaschen in Shanghai oder Seoul, und dazwischen immer wieder dampfende Garküchen, umgeben von eifrig essenden Menschen. Oder die überraschend leckeren Speisen, die der Reisende in häufig unscheinbaren Gaststätten in der brodelnden Metropole ebenso wie im verschlafenen Nest auf dem Land bekommt. Es ist nur konsequent, dass sich die asiatische Küche in ihren unterschiedlichen regionalen Ausprägungen weltweit so rasant verbreitet. Von den angemessenen Räumlichkeiten dafür handelt das vorliegende Buch.

Oben und links unten: In Japan findet man in oft unscheinbaren Lokalen Essen von herausragender Qualität. **Rechts unten:** Auf indischen Märkten dampft und kocht es überall: Puris in Jaipur.

Mittagspause
in Korea

»Asiatisch genießen – Architektur inszeniert Esskultur«
stellt besonders gestaltete Lokale in Asien und Europa
vor, die den entsprechenden Rahmen für ein gutes
Essen schaffen. Sie vermitteln oftmals eine authentische Atmosphäre, ohne sich durch folkloristische
Dekoration aufzudrängen, und wecken Assoziationen
zu ihrer jeweiligen Kultur eher durch raffinierte Hin-
weise. So wird der edle Raum in Kengo Kumas Sake no
Hana in London geprägt von einer abstrahierten Form
des japanischen Tempelgebälks, und das gefilterte
Licht, das durch den Blendschutz aus dünn geschnit-
tenem Bambus fällt, erinnert an traditionelle Sudare.
Dem Tuk Tuk in Edinburgh dagegen gelingen Bezüge
zu den Garküchen und der Kultur des Straßenrands in
Südasien, vor allem durch seine leuchtenden Farben,
die an die motorisierten Rikschas in dem Gewirr der
Städte dort erinnern. Beide Beispiele verdeutlichen die
Spannweite der gezeigten Projekte, die vom exklusiven
Restaurant bis zum eher heiteren Take-away-Lokal
reicht. Darüber hinaus werden aber auch verschiedene
Teeläden gezeigt, denn gerade der edel zubereitete
Tee spielt in der Esskultur vieler asiatischer Länder
eine besondere Rolle.

In den einleitenden Essays schildern Asienkenner die
spezielle Atmosphäre rund ums Essen und erläutern
Tradition und Hintergrund aus ganz unterschiedlichen Blickwinkeln. So charakterisiert der in Shanghai
tätige Koch Stefan Stiller in jeweils wenigen Zügen die
wesentlichen Küchen Asiens von Japan und China
über Korea bis in den Südosten und nach Indien, während der Reisejournalist Thomas Linkel Beziehungen
zwischen der Esskultur des Kontinents und seiner
Architektur aufzeigt. Der Ethnologe Naomichi Ishige
erläutert die traditionellen Tischsitten und Essens-
bräuche in ostasiatischen Familien und die in Zürich
lebende Kulturwissenschaftlerin Gin-Young Song widmet sich einem besonderen Phänomen ihrer Heimat-
stadt: der Kaffeekultur in Seoul.

ESSAYS

DIE VIELFALT DER ASIATISCHEN KÜCHEN

STEFAN STILLER

Die asiatische Küche bietet derart viele verschiedene Richtungen und Stile, dass es schwerfällt, sich einen Überblick zu verschaffen. Die Variation, der Reichtum an Kulturen und die Unterschiede könnten nicht größer sein. So schließt die asiatische Küche sogar eigentlich auch die der vorderasiatischen Länder ein, in denen jedoch eher die arabische Kochtradition bestimmend ist. Denken wir dagegen an die in unserem Verständnis typische asiatische Kochkunst, so kommen uns vor allem die süd- und ostasiatischen Küchen in den Sinn, die im Folgenden hauptsächlich vorgestellt werden.

Ähnlich wie bei den Küchen Europas existiert auch in Asien ein Spannungsbogen von Nord nach Süd. Für den Norden stehen in diesem Zusammenhang die Kochtraditionen Chinas, Japans und Koreas. Für den Süden sind es Indonesien, Malaysia, Singapur, Thailand, Vietnam, Kambodscha und einige weitere Länder mit ihren Küchen und Kulturen.

Links: Sashimi im Restaurant Kandakko in Tokio **Rechts:** Frischer Fisch, Tsukiji-Fischmarkt in Tokio

Japan, berühmt und bekannt in der westlichen Welt für die Verwendung von rohem Fisch in allen Variationen, hat eine der präzisesten Küchen der Welt, die weit mehr zu bieten hat als Sushi und Sashimi. Höchst komplexe Rezepte und Zubereitungen werden über Generationen weitergegeben. Japanische Küchenchefs halten jedoch auch noch immer viele ihrer Rezepte geheim, die Auswahl ihrer Zutaten gilt als legendär. Die Frische sowie die Auswahl von Fisch und Meeresfrüchten setzen international Maßstäbe, und um die Verwendung von bestem Kochgeschirr und der schärfsten Messer ist ein regelrechter Kult entstanden. Kobe-Rind, das ausgezeichnete Fleisch der Wagyu-Rasse, wird mittlerweile in vielen Restaurants serviert. Es wird weltweit überwiegend aus Australien vertrieben, wo sich heute die größten Herden dieser Rasse befinden. Die japanische Hochküche, Kaiseki genannt, ist im Westen dagegen noch immer nicht sehr geläufig. Im Prinzip handelt es sich hierbei um die Mutter der heutigen Degustationsmenüs mit kleinen Portionen, die in einer festgelegten Zeremonie und in einer bestimmten Reihenfolge mit Tee und Sake serviert werden.

Offene Küchen mit einer Theke, an der Köche mit sehr ernster Miene den frischsten Fisch zu feinem Sashimi schneiden, und heiße Teppanyaki-Platten, auf denen Fleisch, Fisch, Meeresfrüchte und Gemüse vor den Augen der begeisterten Gäste gekocht werden – dazu Robatayaki, die Kunst, auf bester Holzkohle feine Spieße zu grillen, und Tempura, bei dem die Köche verschiedenste Zutaten in einem hauchdünnen Teig in bestem Fett ausbacken: All dies bestimmt die Konzepte einzelner japanischer Restaurants, die mittlerweile immer mehr internationales Ansehen erlangen.

In der Küche Koreas dominieren Chili, Knoblauch und Zubereitungsarten, die im Rest Asiens ihresgleichen suchen. Schon die Essstäbchen aus Metall, die viel dünner sind als andernorts übliche asiatische Stäbchen, lassen uns Europäer aufmerksam werden.

Geradezu obligatorisch ist in der koreanischen Küche der Tischgrill, auf dem vorher mariniertes Fleisch über glühender Kohle von den Gästen selbst knusprig gegrillt wird. Eine Vielzahl kleiner Vorspeisen und Beilagen, die unaufgefordert serviert werden, begleitet jedes Mahl. Man kocht mit Wurzeln und Pilzen, die wir in Europa noch nie gesehen haben. Nicht zu vergessen ist außerdem der Kult um Kimchi, eine Zubereitung von fermentiertem Kohl oder anderen Gemüsesorten, um nur einige wichtige Eigenheiten der koreanischen Tafel zu nennen.

Das Kimchi ist allgegenwärtiger Bestandteil jeder Mahlzeit. Viele Haushalte besitzen dafür sogar einen separaten Kühlschrank, da sich sein intensiver Geruch schnell auf andere Speisen überträgt. Man mag bei diesem Gericht eine Parallele zu unserem Sauerkraut finden: Auch hier wird Weißkohl eingelegt und mithilfe einer Milchsäuregärung haltbar gemacht. Dadurch bekommt er seinen einzigartigen Geschmack. In Korea verwendet man für Kimchi traditionell Chinakohl, der mit viel Chili, Knoblauch, Ingwer, Rettich und anderen Gemüsen eingelegt wird. Je nach Region fügt man ihm Meeresfrüchte wie Austern, getrocknete Shrimps oder Fischsoße hinzu. Die Kohlblätter werden zu Rollen oder Paketen geformt und dann in großen Tontöpfen zur Fermentation verschlossen. In ländlichen Regionen gräbt man diese Tontöpfe im Winter auch draußen in der Erde ein.

Doch nicht nur Kohl wird auf diese oder ähnliche Weise zubereitet, sondern auch andere Gemüse, darunter Gurken, Rettich und kleine weiße Rüben. 2013 setzte die UNESCO das Kimchi auf die Liste des Immateriellen Kulturerbes, und in Seoul kann man sogar ein eigenes Kimchi-Museum besuchen.

Momentan gehört die koreanische Kochtradition zu den weltweit weniger beachteten Küchen. Es lässt sich jedoch ahnen, dass diese Richtung der asiatischen Kochkunst in Zukunft einem größeren Publikum bekannt wird.

Von ›der‹ chinesischen Küche zu sprechen wäre genauso, als wenn man alle Küchen Europas über einen Kamm scheren würde. Auch hier, im riesigen ›Reich der Mitte‹, unterscheiden sich die traditionellen Landesküchen sehr. So hat im Nordwesten des Landes, in Xinjiang, die Küche der Uiguren mehr Gemeinsamkeiten mit der orientalischen und der türkischen Küche als mit der chinesischen. Von Peking, Shanghai über Chengdu bis hin zu Shenzhen und Hongkong im Süden lassen sich sehr unterschiedliche Speisen entdecken. Die verschiedenen Geschmacksrichtungen und Zubereitungsarten reichen dabei von reichhaltig und etwas fett im Norden über scharf und kräftig gewürzt im Westen bis hin zu filigran und delikat im Süden – China ist eine eigenständige kulinarische Welt für sich.

Zu den Stereotypen der chinesischen Küche, die in Deutschland und in der westlichen Welt verbreitet sind, zählen die Ente mit Acht Kostbarkeiten, das Schweine-

Links: Gefüllte Teigtaschen im Straßenverkauf in Seoul
Oben: Zubereitung von Teigtaschen auf dem Markt in Kashgar im Xinjiang

mit wenig Stärke oder Kohlenhydraten serviert. Nach der in der chinesischen Küche vielbeachteten Lehre von Yin und Yang eignen sich bestimmte Gerichte für bestimmte Tageszeiten. Anzustreben ist immer die Balance zwischen Yin und Yang, wofür nicht zuletzt das Zusammenspiel verschiedener Zutaten, Gewürze und Zubereitungstechniken sorgt. Edle Meeresfrüchte sind in dieser Landesküche ein weiterer fester Bestandteil der Tafel, da sie durch die Nähe zum Südchinesischen Meer in bester Qualität erhältlich sind.

Im Norden Chinas wird deutlich deftiger gekocht als im Süden. Teigklöße mit herzhaften Füllungen, der obligatorische Hot Pot mit Lamm und Hammelfleisch, Fleischspieße vom Grill und andere deftige Gerichte halten die Menschen dort auch bei eisigen Temperaturen im Winter warm und sind nicht zuletzt deswegen populär.

Ganz andere Kochtraditionen, die sich von den Küchen Japans, Koreas und Chinas erheblich unterscheiden, besitzen wiederum die Länder in der Mitte und im Süden Asiens. Diese Regionen werden von vielen Einflüssen geprägt, da dort unterschiedliche Kolonien und Immigranten deutliche Spuren hinterlassen und auch die Küchen geprägt haben.

Sowohl die Küche in Thailand als auch die in Vietnam arbeitet mit einem atemberaubenden Reichtum an Gewürzen und feinen Geschmacksnuancen. In Thailand wird viel mit Kokosmilch, Zitronengras, Koriander, Chili und Limone gekocht. Zwischen süß und sauer, scharf und mild, weich und knusprig ausbalancierte Gerichte machen diesen Stil einzigartig. Die dort üblichen leichten Gerichte kommen in der Regel ohne viel Fett und Milchprodukte aus und passen gut zu den heißen Temperaturen des Landes.

Die kulinarischen Traditionen in Singapur, Malaysia und Indonesien sind ein Schmelztiegel verschiedener Richtungen und Kulturen, beeinflusst vom Klima, den Temperaturen, Gewürzen und regionalen Gemüsen. In den Zubereitungen und bei den verwendeten Gewürzen sind besonders chinesische und indische Einflüsse spürbar. So serviert man Currys und andere scharf-würzige Gerichte, die ihren Ursprung in Indien haben. In Singapur verbindet die Laksa, eine landestypische Suppe, die Schärfe Indiens mit Kokosmilch, Chili, chinesischen

fleisch süß-sauer und die Frühlingsrolle. Diese Speisen und Zubereitungsarten sind jedoch in der authentischen chinesischen Küche nur selten. Eine chinesische Tafel besteht immer aus vielen verschiedenen Gerichten in der Mitte des Esstischs, die mit allen Gästen geteilt werden. Wann die Speisen serviert werden, hängt dabei von keiner festgelegten Reihenfolge ab, sondern wird von den Köchen gesteuert: Was zuerst fertig ist, wird serviert. Nur den Reis trägt man erst am Ende der Mahlzeit auf, denn Reis ist billig. Er soll nur noch denjenigen Gästen den Magen füllen, die sich an den anderen Gerichten noch nicht satt gegessen haben. Der Gastgeber bestellt in der Regel immer viel mehr, als seine Gäste essen können. Das mag für uns Europäer wenig Sinn ergeben, liegt aber darin begründet, dass in China nur ein großzügiger Gastgeber als ein guter gilt.

Im Allgemeinen teilt man die klassische chinesische Küche in ›Acht Küchen‹ ein, d.h. in acht große Koch-

traditionen der Regionen oder Provinzen Anhui, Kanton, Fuijan, Hunan, Jiangsu, Shandong, Sichuan und Zehjiang. Bekannte und authentische Spezialitäten in den chinesischen Landesküchen sind die scharf gewürzten, recht öligen Gerichte in der Küche des Westens, in Szechuan, mit viel Chili und dem den Gaumen betäubenden Szechuan-Pfeffer. Im Süden, in der kantonesischen Küche, finden wir feine Dim Sum, kleine Gerichte, die meist gedämpft, bisweilen auch im Ofen gebacken oder frittiert werden. Dazu gehören Teigtaschen und Gebäck, das man sich filigraner nicht vorstellen kann. Charakteristisch für diese Gerichte sind delikate Füllungen, feinste Teige aus unterschiedlichen Zutaten und eine Würze, die selbst bei durch die ganze Welt gereisten Gourmets Begeisterung hervorruft. Traditionell werden Dim Sum nur zum Frühstück und zum Mittagessen gereicht: In der ersten Tageshälfte soll der Körper Energie bekommen, um genug Kraft für den Tag zu haben, während man abends meist Speisen

Rotes Curry mit Ente, wie es auf Inselgruppe Koh
Phi Phi zubereitet wird

Oben: Gewürze auf dem
Markt von Mumbai
Rechts: Straßenverkauf
auf dem Markt in Kashgar

Nudeln, Huhn und feinen Meeresfrüchten sowie vielen
weiteren, regional unterschiedlichen Zutaten.

Die Küche Indiens in wenigen Sätzen zu beschreiben
scheint eine unlösbare Aufgabe: Die schiere Größe des
Landes, einhergehend mit unterschiedlichen Sprachen
und Religionen und großen kulturellen Unterschieden,
macht auch Indien zu einem eigenständigen kulinarischen Kosmos. Seine Lage zwischen dem Orient und
Ostasien, aber auch die lange Zeit unter britischem
Einfluss haben die Küche des Landes geprägt.
Bekannt ist die indische Kochkunst für ihre intensiven
Gewürze, verschiedenste Currys und viele vegetari-
sche Zubereitungen. Fleisch dagegen spielt – unter
anderem wegen der unterschiedlichen Religionen und
Kasten, aber auch wegen der bisweilen großen Armut
der Menschen – auf dem täglichen Speiseplan nur eine
untergeordnete Rolle. Wird es serviert, so handelt es
sich zumeist um Geflügel, während Schwein und Rind

eher selten zu finden sind. Fisch ist nur an der Küste
und in Großstädten erhältlich. Viele indische Rezepte
enthalten Hülsenfrüchte wie Linsen und Kichererbsen
als Proteinquelle. Die Küchen der indischen Provinzen
können für den Magen eines durchschnittlichen Euro-
päers eine große Herausforderung sein, der man am
besten mit der richtigen Vorbereitung begegnet.

Der kulturelle und landschaftliche Reichtum des
asiatischen Kontinents spiegelt sich auch in seinen
kulinarischen Traditionen, seine Geschmacksvielfalt
fasziniert immer wieder aufs Neue. Eine Reise durch
die Küchen Asiens gehört daher zu den spannends-
ten Erfahrungen, die einem Gourmet widerfahren
können.

VON ZELTEN, IMBISSSTÄNDEN UND RESTAURANTS – EIN BLICK AUF ESSKULTUR UND ARCHITEKTUR IN ASIEN

THOMAS LINKEL

Der Mensch ist, was er isst. Und wo er isst. Die Architektur der Mongolenzelte, »Ger« genannt, ist im Kern seit Jahrhunderten unverändert. Ihre wichtigste Eigenschaft ist, dass sie einfach auf- und abzubauen sind, um der Herde zu frischen Weideplätzen folgen zu können, und dass sie vor den extremen klimatischen Verhältnissen in Steppe, Wüste und Gebirgsregionen des Binnenlandes schützen. Gekocht wird auf einem Ofen in der Mitte des Raums, in der Zeltdecke sorgt eine flexible Öffnung für den Rauchabzug. Ein beliebtes mongolisches Gericht ist »Chorchog«, in einer Milchkanne gekochtes Schaf. Außer Wasser wird nichts zugesetzt, die traditionelle Nomadenküche verzichtet aus Mangel weitgehend auf Gemüse, Kräuter oder Gewürze.

Ähnlich simpel ist die Zubereitung von Murmeltier: »Boodog«. Der Nager wird nach seinem gewaltsamen Ableben ausgehöhlt und mit glühenden Steinen gefüllt. Kräuter oder Salz – auch hier Fehlanzeige. Die meisten Nomaden legen das Tier in ein mit glühenden Steinen gefülltes Erdloch und bedecken es mit Erde. Nach einigen Stunden ist das Fleisch gegart und das Fell, wenn man Glück hat, ganz versengt. Genial einfache Rezepte, die aus beinahe nichts einiges machen. Ähnlich verhält es sich mit der Inneneinrichtung eines Gers. Schmale Betten mit Schubladen, eine Holzkommode und Teppiche gehören zu seiner Grundausstattung. Zu den Mahlzeiten sitzt man im Kreis zusammen und isst aus einem großen Topf oder einer Schüssel. Dem Gast wird grundsätzlich das beste Stück Fleisch angeboten – gibt es Fettschwanzschaf, darf man sich über den Fettschwanz freuen.

Im Gegensatz zum rein praktischen Nutzen der nomadischen Architektur entwickelte die Baukunst bei den

Yakbuttertee auf der Feuerstelle im Zelt, tibetische Nomaden am Nam Co

sesshaft gewordenen Völkern im asiatischen Raum eine andere Dynamik. Sobald die Speisen täglich am immer gleichen Ort eingenommen werden und es nicht mehr nur um das blanke Überleben geht, entfaltet sich eine eigene Formensprache.

Für die Entwicklung von Esskultur und Kochkunst sind zunächst der Übergang von der Jäger-und-Sammler-hin zur Ackerbaugesellschaft, die Nutzung des Feuers und das Sesshaftwerden von Bedeutung. Erst wenn seine Grundbedürfnisse befriedigt sind, macht sich der Mensch weiterreichende Gedanken über die Ausgestaltung des Raums, in dem er isst. Dann darf der Raum

mehr sein als nur ein sicherer Platz zur Nahrungsaufnahme.

Vergessen werden soll nicht, dass das Wort »Küche« in vielen Sprachen zumindest zwei unterschiedliche Bedeutungen hat. Es bezeichnet zum einen den Raum, in dem gekocht wird, und zum anderen die verschiedenen sozial und regional geprägten Zubereitungsweisen von Lebensmitteln.

Der Unterschied zwischen Ernährung und Essen ist ein wichtiger evolutionstechnischer Schritt, den der Mensch im Gegensatz zum Tier, das seine Nahrung instinktiv auswählt, gegangen ist. Denn einerseits

Rechts: Herstellung chinesischer Nudeln
Unten links: Chefkoch Wayne Liu im Lokal Keng Eng Kee Seafood in Singapur
Unten rechts: Bei Kwan Kee Bamboo Noodle in Hongkong knetet der Koch den Nudelteig noch traditionell mit einem großen Bambusstamm.

wählt der Mensch aus dem Nahrungsmittelangebot das aus, was er anhand von kulturellen Richtlinien als essbar betrachtet. Während in asiatischen Gegenden Gerichte mit Hund oder Schlange auf dem Speiseplan stehen, wird dies in Europa kulturell bedingt abgelehnt, obwohl ernährungsphysiologisch nichts dagegenspricht.

Zweitens entwickelte der Mensch aufwendige Kulturtechniken des Anbaus, Erntens, Verarbeitens und Kochens. Bei den allermeisten Lebensmitteln ist das aus physiologischen Gründen eigentlich unnötig, die Techniken werden lediglich eingesetzt, um den Geschmack der Speisen zu ändern, vor allem zu verbessern. Besonders Geschmack und Zubereitungsart sind kulturell geprägte Elemente.

Drittens schuf die Menschheit soziale Bräuche und Regeln rund um die Nahrungsaufnahme. Die Erfüllung des menschlichen Bedürfnisses nach Nahrung ist zwar natürlichen Ursprungs, aber kulturell und sozial geregelt. In den jeweiligen Küchen spiegelt sich die soziale und kulturelle Gestaltung von Essen und Trinken in unterschiedlich komplexen Regeln. Wie alle soziokulturellen Besonderheiten zeichnen sich auch die Küchen durch große Unterschiede aus. Es gibt nicht eine, sondern eine Vielzahl unterschiedlicher Küchen, die in einem begrenzten Umfeld praktiziert werden und vor allem geografisch und sozial bedingt sind. Küchen formen nicht nur den Geschmack, sondern wirken sich in sozialer, regionaler und kultureller Hinsicht aus. Darüber hinaus beeinflussen sie auch die gesellschaftlichen Strukturen, indem sie Landwirtschaft, Produktionsweisen und Geografie prägen.

Küche und Esskultur sind einerseits gemeinschaftsstiftende Elemente einer kulturellen Identität und andererseits eine Abgrenzung gegenüber anderen Kulturen oder auch Schichten. Denn es ist unbestreitbar, dass auch die Herkunft, die Schicht, in der ein Mensch aufwächst, eine jeweils unterschiedliche Esskultur mit sich bringt.

Die Schicht der Beamten und Gelehrten, der Kaiserliche Hof und die Aristokratie als Träger von Esskultur spielten besonders in China und Japan über Jahrhunderte eine bedeutende Rolle, weil sich dort, in ähnlicher Weise wie in der Transformation vom Nomadentum zur Sesshaftigkeit, eine Kulturdynamik rund um das Entstehen größerer Ansiedlungen und Städte entfaltete, die im ländlichen Raum erst viel später und in abgeschwächter Form ankam. Stark landwirtschaftlich geprägte Regionen brachten demnach auch eine in geringerem Maße ausdifferenzierte Esskultur hervor als Gebiete, deren Wirtschaftssysteme früher diversifiziert wurden. Außerdem sahen die oberen Schichten in der besonderen Wahl ihrer Speisen und Getränke eine wirksame Methode, ihr Ansehen und ihre Gruppenidentität zu dokumentieren.

Trotz der zunächst bewussten Orientierung an höfischen und bürgerlichen Normen folgte auch in den asi-

atischen Städten eine spezielle Entwicklung der Esskultur in Agglomerationsräumen, die einerseits geprägt
ist durch die in der Industrialisierung fortschreitende
Trennung zwischen Wohnen und Arbeiten und durch
die von Arbeitszeit und Pausenrhythmus diktierte
Essensaufnahme, andererseits durch die räumliche
Enge vieler Wohnungen und den damit verbundenen
Mangel an Kochplätzen. So entstand bei der arbeiten-
den Bevölkerung eine Esskultur der Imbissstände, die
sich über alle asiatischen Regionen erstreckt. Sie findet auf der Straße, an Verkehrsknotenpunkten, in der
unmittelbaren Umgebung von Büros und Produktionsstätten statt, ohne Architektur im klassischen Sinne.

Menschen werden in eine bestimmte Kultur hinein-
geboren. Diese Kultur, die auch ihre Herkunft, Beruf,
Schicht und Esskultur reflektiert, wird Teil ihrer Identität. Der Platz, an dem gegessen wird, gehört zu
den wichtigsten Sozialisationsorten überhaupt. Hier

Oben links: Die Spezialität bei Sun Kau Kee Noodle Shop in Hongkong ist die traditionell sehr heiß
serviert Congee Soup. **Oben Mitte:** Restaurant Tibet Steak House in Tibets Hauptstadt Lhasa
Oben rechts: In der Ameyoko-Straße in Tokio reiht sich Imbiss an Imbiss. **Unten:** Marktfrauen unterhalten
sich auf dem Nachtmarkt in Krabi, Thailand.

werden nicht nur Tischsitten vermittelt und erlernt, es werden Werte weitergegeben, Konversation eingeübt, ästhetisches und geschmackliches Empfinden geprägt. Ebenso wie Architektur und Sprache, im kleinräumigen Sinne auch der Dialekt, sind Esstraditionen tragende Säulen in einer komplexen und dynamischen Struktur. Innerhalb der Kultur schaffen sie gemeinsam mit der Geografie einen regionalen Charakter.

Die Gestaltung von Räumen und die Esskultur haben sich parallel aus regionalen Besonderheiten entwickelt. Die Herausbildung von regionaltypischen Küchen und der Art, wie und wo gegessen wird, führt auch zu einer regionalen Architektur, die nicht nur von der zwangsläufigen Notwendigkeit eines Orts, sondern auch von Religion und Werten, Tradition, hierarchischer Schicht, klimatischen und örtlichen Gegebenheiten geprägt wird. Und beide, die Esskultur und die Räume, in denen gegessen wird, sind Träger und Teil menschlicher Kultur. In einem weiteren Schritt vollzog sich die Transformation von lokaler Esskultur und Architektur, die sich zunächst hauptsächlich auf das eigene Haus bzw. die eigene Region bezogen, hin zu öffentlichen Orten, in denen man in den Städten der großen Handelsstraßen mit anderen entweder auf Reisen zusammenkam oder um in Gesellschaft zu sein. In der Architektur von Karawansereien, Garküchen, Food Courts bis hin zu klassischen Esslokalen spiegelt sich die Kultur der jeweiligen Region wider.

Selbstverständlich waren die frühen »Restaurants« sowohl in ihrer Speisenauswahl als auch in ihrer Architektur durch lokale Traditionen geprägt. Erst später begann man, Gerichte aus fernen Ländern in einem passenden Ambiente zu kochen und zu konsumieren. Vermutlich ging es einerseits darum, den Menschen vor Ort fremde Kulturen und Speisen zu präsentieren, andererseits etablierten sich entlang der langen Handelsstraßen auch Lokale mit fremdländischen Gerichten und ebensolcher Architektur, um den vorbeiziehenden Händlern und Reisenden ein wenig Geschmack und Stimmung aus der Heimat zu verkaufen.

Durch die Globalisierung ist heute beinahe jede Küche überall zu bekommen, zumindest in den größeren Städten und Agglomerationsräumen. Pad Thai um die Ecke gehört genauso zu unserem Leben wie Sauerbraten, Sashimi und Pizza.

Die Innenraumgestaltung der Lokale nimmt diese kulturellen Einflüsse auf und setzt sie mal gelungener, mal

Die Zubereitung von Teigtaschen auf dem Markt in Kashgar, Xinjiang

weniger gelungen um. Viele hervorragende Beispiele finden sich in diesem Buch. Es zeigt Raumkonzepte, die nicht nur die Kultur hinter den präsentierten Speisen widerspiegeln, sondern sich darüber hinaus einer weiterentwickelten Formensprache bedienen, eingebunden in den kulturellen Gesamtkontext.

Wo aber soll man beginnen, wo enden? Asiatische Esskulturen sind so vielfältig, dass über jede einzelne eigene Bücher geschrieben werden. Die Unterschiede zwischen chinesischer, japanischer und südostasiatischer Esskultur sind groß. Eine Besonderheit stellt sicherlich die chinesische Esskultur dar, die sich durch Auslandschinesen seit über 250 Jahren im südostasiatischen Raum ausgebreitet, mit regionalen Kochtraditionen verbunden und weiterentwickelt hat. Besonders gut ist das im Stadtstaat Singapur zu beobachten, wo aus der Vermischung von malaiischer und chinesischer Lebensart die Peranakan-Kultur hervorgegangen ist. Aus der interkulturellen Verbindung zwischen malaiischen Frauen und chinesischen

Männern, meist Händlern oder Seeleuten, entstand eine eigenständige Kultur mit einem besonderen Bau-, Wohn- und Kochstil, der sich noch heute besonders ausgeprägt im Stadtteil Katong findet. Bunte, zweistöckige Häuser mit kleinen Vorgärten und hölzernen Fensterläden säumen die Straßen. An einer Ecke stehen Frauen mit Einkaufskörben beim Plausch, daneben wird in der Garküche von Nancy, der »Classic Mrs Singapore 2006«, in großen Pötten eine der besten Laksa-Suppen der Stadt zubereitet. Ein Koch bearbeitet mit einem Holzhammer eine schwarze Nuss, die »buah keluak« genannt und häufig in der Peranakan-Küche benutzt wird. Neben ihm steht ein großer Topf mit »Rempah«, einer selbstgemachten Gewürzpaste, die als Basis für die meisten Gerichte dient.

Eine Straße weiter wird zum Frühstück im traditionellen Kaffeehaus Chin Mee Chin Confectionery malaiischer Kaffee, Kopi, in verschiedensten Varianten gereicht. Dazu gibt es Kaya-Toast, Butter, süße Marmelade und Vier-Minuten-Eier, die – ganz auf klassische chinesische Art – mit Sojasoße gewürzt werden.

In der traditionellen Architektur drückten Chinesen ihr Weltbild baulich aus. Regeln formten eine strenge Ordnung, welche die Basis des chinesischen Denkens ist und sich auch in der Architektur widerspiegelt. Chinesische Baukunst ist weniger funktional und individuell als europäische. Im Zentrum dieser Denkweise standen der Himmel und auf Erden der Kaiser als Vermittler zwischen Irdischem und Himmlischem. Die Zeit drehte sich um eine Mitte. Diese war das Kraftzentrum, die jeweilige Hauptstadt das Zentrum des chinesischen Reichs und der Kaiserpalast folgerichtig in der Mitte der Stadt.

Grundeinheiten traditioneller chinesischer Architektur sind Rechteck und Kreis. Über die Jahrhunderte waren die Veränderungen in der chinesischen Architektur gering, sodass es im Gegensatz zu Europa schwerfällt, Stile und Epochen zu bestimmen.

In der chinesischen Tradition entspricht das Rechteck als Form mit vier Seiten den Himmelsrichtungen und den Jahreszeiten. Der Kreis hingegen hat weder Anfang noch Ende, steht also für Unendlichkeit – einer der Gründe, weshalb auch in den meisten chinesischen Lokalen um einen runden Tisch gesessen wird, auf dem oft eine Drehscheibe mit den verschiedensten Speisen steht, von denen alle gemeinsam essen. Ein runder Tisch hat aber auch den Vorteil, dass jeder gut an die Speisen kommt und es sich besser miteinander kommunizieren lässt, was auch bei Geschäftsessen der durchaus erwünschten Geselligkeit zugutekommt.

Einzelbestellungen wie in Mitteleuropa sind unüblich. Grundsätzlich kommen mehrere Gerichte gleichzeitig, starre Menüfolgen sind ungewöhnlich, die Übergänge sind vielmehr fließend. Die Drehscheibe rotiert fleißig, damit jeder von den zumeist mindestens sechs bis sieben Speisen nehmen kann. Für chinesische Gastgeber ist zudem wichtig, dass immer etwas übrigbleibt, ein guter Gastgeber bestellt immer viel mehr als nötig. Da es in chinesischen Lokalen oft lauter zugeht als in Kontinentaleuropa, haben sich in vielen besseren Lokalen Nebenzimmer durchgesetzt, in denen man ungestört sein kann. Miteinander anzustoßen und dabei einmal am Tisch die Runde zu machen sowie immer wieder nachzuschenken macht das Geschehen lebhaft.

Vom runden Tisch abgesehen, spielt die Raumgestaltung noch eine untergeordnete Rolle, und das hat auch den Vorteil, dass man sich ganz auf Gerichte und Konversation konzentrieren kann, beides für die chinesische Kultur essenziell.

Links: Faltbarer Teepavillon des Architekten Kazuhiro Yajima, Yoshikawa **Oben und unten:** Utensilien für die Teezeremonie: Matcha-Schale, Teelöffel (Chashaku) und Teebesen (Chasen) zum Schlagen des zu feinem Pulver gemahlenen Grüntees (Matcha)

Aber auch das ändert sich, und so zeigen Restaurants in der Volksrepublik in jüngerer Zeit, dass es möglich ist, traditionelle chinesische Elemente der Raumgestaltung, Funktionalität, Modernität und hervorragende Küche zu verbinden. Das »Huang Ting« in Peking ist dafür ein gutes Beispiel. Mit seinen Backsteinwänden, schweren Holztüren und Kieferndielenböden, die man aus Abbruchhäusern in der Provinz Shanxi geholt hat, aber auch den antiken Möbeln aus der Qing-Dynastie sind die Gäste von klassischem Hutong-Design umgeben. Empfangen werden sie am Eingang des Lokals vor einem für Hutong-Häuser typischen hölzernen, zweiflügeligen Eingangstor. Die Arbeitskleidung der Bedienungen ist dem klassisch roten Ruqun aus Seide nachempfunden, die Küche einfach hervorragend.

Auch in Europa spielen chinesische Restaurants mit traditionellen Elementen der Raumgestaltung. So hängen im Lokal »Fei Scho« in München chinesische Papierlampions unter der Decke und die typischen, zum Dämpfen von Dim Sum genutzten Bambuskörbe stapeln sich malerisch zu Türmen. In China geht das »Bamboo Courtyard Teahouse« in Yangzhou einen spektakulären Weg. Seine dekorativen Wandverkleidungen bestehen aus Bambus und lehnen sich damit an die Bauweise südchinesischer Völker an.

Etwas, das die Japaner von den Chinesen übernommen und weiterentwickelt haben, ist die Teekultur. In China wurde Tee zunächst als Medizin genutzt. Überlieferungen aus dem Yangzijiang-Tal belegen, dass seine Bewohner bereits im 4. Jahrhundert eine primitive Form des Teetrinkens kannten. Ab dem 8. Jahrhundert entwickelt sich in der Tang-Dynastie die Teezeremo-

Alter Mann vor seiner Feuerstelle in einem Bauernhaus im Dorf Ogimachi, Japan

den kleinen Herd zur Teewassererhitzung ist der Hauptraum leer.

Die Tradition der Teekultur beeinflusst die japanische Architektur seit Jahrhunderten. Die Leere und reine Funktionalität des Teeraums spiegelt sich auch in der Gestaltung vieler japanischer Wohnräume, Unterkünfte und Lokale, wie unter anderem beim »Sushi Azuma« oder »Cafe Ki«.

Die Gedanken übertrugen sich aber auch auf die Art der Speisenzubereitung sowie die Präsentation von Speisen, en miniature zu finden in den Bentoboxen. Die besondere Bento-Ästhetik spiegelt sich auf kreative Weise in der Gestaltung der Ladenfront (Eingangstür und Schaufenster) des Restaurants »Pakta« in Barcelona.

Funktionalität bestimmt zum Beispiel auch den einzig beheizbaren und deshalb zum Essen genutzten Raum in den traditionellen Bauernhäusern im Gasshō-zukuri-Stil im Dorf Ogimachi, die zum UNESCO-Weltkulturerbe zählen. In der Raummitte befindet sich ein eingelassenes, rechteckiges Feuerbecken, auf dem früher gekocht und dessen Rauch zum Räuchern genutzt wurde. Heute dient es der Wärmeerzeugung sowie zum Teekochen. Den Boden des Raumes bedecken Tatamimatten, die Wände bestehen zum Teil aus traditionellen Shoji- und Fusuma-Schiebetüren. Diese sehr luftige Hausbauweise überrascht, weil sie unangenehme Kälte und Feuchtigkeit zur Folge hat, da viele Häuser auf Stelzen inmitten von Reisfeldern gebaut wurden, die einen erheblichen Teil des Jahres geflutet sind.

nie als eigenständiges Kulturgut. In einigen Quellen ist überliefert, dass zur gleichen Zeit Tee von chinesischen Gesandten nach Japan gebracht wurde und zunächst am Kaiserhof sowie von Mönchen getrunken wurde. Ab dem 15. Jahrhundert blüht die Teekultur als Teil des japanischen Ästhetizismus auf. Es geht um die Würdigung des Schönen inmitten des profanen Lebens. Erlebbar gemacht wird das aber nicht durch das einfache Zeigen von »Schönem«, sondern durch sein Verbergen, damit es eben entdeckt werden kann. Über die Jahrhunderte beeinflusste die Teekultur als Teil der Philosophie des Zen die Architektur, Lebensgewohnheiten, Kunst und Kochkultur, ja durchdrang sogar die Sprache. Jemand, der sich seinen entfesselten Gefühlen hingibt, hat, aus dem Japanischen übersetzt, »zu viel Tee in sich«. »Chashitsu« heißt »Teehütte« – so werden die Teeräume genannt, was man poetisch

frei aber auch als »Behausung der Fantasie« übersetzen kann. Der Teeraum als Refugium der Ruhe inmitten der Wirren und Unzulänglichkeiten der Welt. Keine Farbe, kein Ornament soll die Stimmung des Raumes stören, kein Laut das Füllen der Teetassen übertönen, keine unnötige Geste die Harmonie beeinträchtigen. Einige stilistische Merkmale verbinden alle japanischen Teehäuser. Sie liegen in einem kleinen Garten, häufig mit Teich. Es gibt einen in Zickzack-Form angelegten Weg zum Teehaus, das aus zwei Räumen besteht. Einer dient der Teevorbereitung, im anderen findet die eigentliche Zeremonie statt. Als Außenmaterial wird vor allem Zedernholz und Bambus benutzt, Türen und Fenster sind mit teiltransparentem Japanpapier versehen. Den Fußboden bedecken Tatamimatten, und bis auf ein Regal, auf dem die zur Zeremonie notwendigen Gegenstände stehen, sowie

Stelzenhäuser mit großer Veranda, die bis zu zwei Meter über dem Boden stehen, werden ebenfalls von verschiedenen Volksgruppen in Laos genutzt, finden sich aber auch in den Nachbarländern Thailand, Kambodscha, Myanmar und Vietnam. In der laotischen Agrargesellschaft wie auch in den anderen ländlichen Gebieten Südostasiens ist die Veranda der zentrale Arbeits- und Kommunikationsraum des Hauses.

Größere Bauernhöfe im Tiefland von Laos bestehen aus mehreren Holzhäusern mit Wänden aus geflochtenem Bambus oder dünnem Holz, viele Dächer sind mit Stroh oder Bambus gedeckt. Ein Großteil der Tieflandlaoten speist nicht in der Küche. Bei schlechtem Wetter wird in einem mit Bambusmatten ausgelegten, schmucklosen Raum gegessen. Meistens versammelt sich die Familie aber auf der Veranda. Sie sitzt um einen niedrigen Rattantisch, der mit Bananenblättern bedeckt ist, und isst gemeinsam aus Töpfen oder Schüsseln.

Links: Frühstücksimbiss
auf der Straße im Pekinger
Stadtviertel Baochao Hutong
Oben: Straßenverkauf auf
dem Nachtmarkt Dongdaemun
in Seoul

Die Tradition, Gerichte auf Bananenblättern zu reichen, wird auch in vielen Restaurants in den Städten praktiziert, ebenso wie an Imbissständen. Für einen Großteil der Bevölkerung ist ein Restaurantbesuch unerschwinglich, aber unzählige, sehr preiswerte Straßenimbisse sorgen dafür, dass sich auch weniger vermögende Stadtbewohner frisch zubereitete Hauptmahlzeiten leisten können.

Wie in den übrigen südostasiatischen Ländern besteht der klassische Straßenstand aus einem fahr- oder schiebbaren Küchenwagen und einfachen Gaskochern, auf denen entweder Suppen köcheln oder frische Zutaten im Wok angebraten werden. Die Gäste sitzen auf niedrigen Plastikschemeln und löffeln am Rand von viel befahrenen Straßen und Kreuzungen ihr Gericht. Das geht schnell, ist frisch und sehr preiswert. Dass man dabei auf Auspuff-

höhe sitzt und der Autolärm ohrenbetäubend sein kann, gehört zu dieser Art des asiatischen Fast Food eigentlich zwingend dazu. Diese Stimmung im Design eines Restaurants wiederzugeben ist schwierig, wenn nicht unmöglich. In London haben aber in Lokalen wie dem »GRAB Thai Street Kitchen« oder dem »VIET HOA – Mess« zumindest die typischen Hocker und Tische Einzug gehalten. Teilweise sind die Sitzmöbel für europäische Körpergrößen und Essgewohnheiten mit Rückenlehnen versehen worden wie im »Tuk Tuk« in Edinburgh.

Wer sich länger mit dem Thema Architektur und Esskultur beschäftigt, stellt fest, dass ein wichtiger Teil unserer bebauten Welt das Thema Essen betrifft. Stadtplaner in Asien nutzen immer wieder diese Kombination als eine Möglichkeit zur Stadtentwick-

lung. Die Entstehung der singapurischen Hawker Center mit Hunderten Imbissständen ist dafür ein Beispiel. In einigen neugeschaffenen Stadtteilen sind sie der Kern der baulichen Entwicklung, Vorreiter ist das in den fünfziger Jahren entstandene Viertel Tiong Bahru. Einige Food Courts in Taiwan und China folgen dieser Idee.

Durch die Globalisierung werden regionale Küchen und Esskulturen weltweit erlebbar. Architekten und Gestalter haben ein gelungenes Restaurantkonzept geschaffen, wenn der Gast durch seinen Besuch nicht nur in die Esskultur, sondern auch in die Geschichte, Sitten und Bräuche eines Landes oder einer Region eintauchen kann. Das Auge isst mit. Der Geist auch. Der Horizont wird erweitert. Erst dann kann das eintreten, was schon Goethe sagte: »Kein Genuss ist vorübergehend, denn der Eindruck, den er hinterlässt, ist bleibend.«

DIE ESSKULTUREN OSTASIATISCHER FAMILIEN IN IHRER HISTORISCHEN ENTWICKLUNG

NAOMICHI ISHIGE

FACETTEN DER ESSKULTUR

Bevor näher auf die ostasiatische Esskultur eingegangen wird, sollen zunächst die wichtigsten Ausprägungen der Esskultur weltweit angesprochen werden. In diesem Zusammenhang meint das Wort Esskultur einfach nur die jeder Kultur eigenen Essgewohnheiten. Folgende zwei Aspekte sind dabei von Interesse: die ›Umgangsformen‹ am Esstisch und die ›Ausstattung‹; beide wirken sich im Zusammenspiel miteinander auf die Handlungsweisen beim Essen aus. Eine Abhandlung über die Umgangsformen wäre jedoch zu ausufernd, denn jede Kultur verfügt über ihre eigene Bandbreite an gesellschaftsspezifischen Regeln.

Im Gegensatz dazu gibt es eine überschaubare Anzahl an unterschiedlichen ›Utensilien‹, die zum Essen verwendet werden. Nach den folgenden Grundbedingungen ließen sich die Organisationsformen von Mahlzeiten in unterschiedlichen Kulturen und Nationalitäten kategorisieren: Existiert ein Esstisch? Sitzt man auf dem Boden oder auf einem Stuhl? Isst man mit den Händen oder mit Besteck? Wird das Essen individuell auf dem Teller oder eventuell in einer Schüssel serviert? Im folgenden Abschnitt wird versucht, diese Utensilien zu klassifizieren.

KÖRPERHALTUNG WÄHREND DER MAHLZEITEN UND DAZUGEHÖRIGE UTENSILIEN

Auf dem Fußboden oder auf einem Stuhl sitzend

Heutzutage ist keine einzige menschliche Gemeinschaft bekannt, in der die Familien während der regulären Mahlzeiten stehen oder sich zum Essen auf den Boden legen. Normalerweise wird das Essen im Sitzen eingenommen, entweder direkt auf dem Fußboden auf den Fersen sitzend (›Essen auf dem Boden‹) oder auf einem Möbel sitzend, wie z. B. einem Stuhl oder einer Bank (›Essen im Sitzen‹).

Utensilien für die Nahrungsaufnahme

Heutzutage essen ca. 40 % der Weltbevölkerung mit ihren Händen, schätzungsweise jeweils 30 % verwenden Stäbchen bzw. Messer, Gabel und Löffel.

Stäbchen kommen ursprünglich aus China, wo sie seit der Zeit der Streitenden Reiche (ca. 475–221 v. Chr.) bekannt sind; sie wurden zunächst in Kombination mit Löffeln gebraucht. Von der Frühphase bis zur Ming-Dynastie (1368–1644 n. Chr.) wurde dabei das Grundnahrungsmittel Reis mit Löffeln gegessen, das übrige Essen hingegen mit Stäbchen.[1]

Vermutlich verbreiteten chinesische Funktionäre, die in der Lelang-Kommandantur auf der koreanischen Halbinsel stationiert waren, dort die Stäbchen in der Periode der Han-Dynastie (ca. 206 v. Chr.–220 n. Chr.). Den endgültigen Beweis für deren Verwendung durch das koreanische Volk brachte der Fund von Essstäbchen und Löffeln aus Bronze in der um 522 n. Chr. erbauten Grabstätte des Königs Muryeong aus der Baekje-Zeit. Seitdem nutzten die Menschen auf der koreanischen Halbinsel Stäbchen und Löffel zum Essen.

In Japan datieren Stäbchen, die man an archäologischen Fundorten entdeckt hat, vom Ende des 7. Jahrhunderts; während des 8. Jahrhunderts setzte sich die Verwendung von Stäbchen auch beim einfachen Volk

Nudelsuppe mit Shrimps im Restaurant Wing Wah Wonton Noodle Shop in Hongkong

durch.[2] In der Nara- und in der Heian-Zeit, als der kulturelle Einfluss Chinas auf den japanischen Kaiserhof auf seinem Höhepunkt war, wurden bei öffentlichen Festessen Stäbchen und Löffel gereicht, während einfache Bürger keine Löffel zum Essen gebrauchten. Kurze Zeit später nahmen auch die Mitglieder der oberen Schichten keine Löffel mehr für das traditionelle japanische Essen, sondern ausschließlich Essstäbchen.

Gäste der Unterkunft Hisamatsu im Dorf Ogimachi beim Abendessen

Tische zum Essen, während der 1930er- und 1940er-Jahre sogar nahezu jede japanische Familie. Obwohl die gesamte Familie nun an demselben Esstisch saß, wurde das Essen weiterhin auf individuelle Teller aufgeteilt und separat auf dem »chabudai« serviert.

VERÄNDERUNGEN IN DER ZWEITEN HÄLFTE DES 20. JAHRHUNDERTS

Japan hat die Modernisierung der Gesellschaft nach dem Vorbild der westlichen Zivilisation erlebt. In öffentlichen Räumen wie Schulen, beim Militär und in Bürogebäuden findet man daher seit den 1870er-Jahren Tische und Stühle. Bei den Familien zuhause verbreiteten sich Tische und Stühle dagegen erst nach dem Zweiten Weltkrieg. Studien zufolge nahm ab dem Jahr 1971 bereits eine Mehrheit der japanischen Familien ihre Mahlzeiten an Esstischen auf Stühlen sitzend ein, und derzeit sitzen über 80 % der Haushalte nach westlicher Art am Esstisch. Folglich ist ein Wandel der Speiseform von C1 zu D1 in Tabelle 3 festzustellen. [10]

Neben der gleichzeitigen Darreichung setzt sich darüber hinaus die Speisenfolge durch, d. h. das sofortige Servieren heißer Speisen, sobald sie fertig gekocht sind. Kalte Gerichte werden kurz vor dem Verzehr serviert. Grund dafür sind die räumlichen Veränderungen zuhause – man stellt einen Esstisch in der Küche oder in einem angrenzenden Raum auf. Es ist nun möglich, während des Kochens zu essen. Zudem setzten sich gas- und elektrobetriebene Küchengeräte, Kühlschränke und Gefriergeräte immer mehr durch.

Veränderte Beziehungen innerhalb der Familien und Haushalte stehen in Zusammenhang mit den gemeinsamen Mahlzeiten an einem Tisch. Da der Ablauf einer Mahlzeit nicht länger vom Familienoberhaupt dominiert wird, die Mitglieder der gesamten Familie denselben Status besitzen und sich zum Essen um den Tisch versammeln, können Frauen und Kinder nun während des Essens frei sprechen, wodurch die Mahlzeiten zu vergnüglichen gemeinsamen Erlebnissen werden können. In Korea verbreitete sich nach dem Ende des Koreakriegs die Vorstellung von einer ›Demokratisierung der Familie‹, zudem stieg bis zu den 1970er-Jahren der

Indes existierte durchaus eine Unterscheidung nach Geschlechtern und Generationen, die sich in der Art und Weise, wie die Esstische gedeckt wurden, abbildete. So wurde die Schale für das Familienoberhaupt als Erstes auf einen seiner Bedeutung entsprechenden Platz gestellt, danach die verbleibenden Schalen in einer durch Geschlecht und Alter bestimmten Reihenfolge. Die Reihenfolge und die herrschenden Umgangsformen am Esstisch legte das Familienoberhaupt fest. Kinder durften während des Essens weder lachen noch sprechen, sie mussten still sein.

Bereits während der Edo-Zeit (1603–1868), einer Zeit der Abschließung und Isolierung in Japan, kam der »chabudai 卓袱台«, ein großer, niedriger Tisch, über Nagasaki ins Land. In Nagasaki befand sich zu jener

Zeit der einzige Hafen, in dem sich niederländische und chinesische Kaufleute aufhalten durften. Sie brachten ihre Tische, die »baxianzhuo 八僊卓«, mit nach Nagasaki. Um sie auf den in Japan üblichen Tatamimatten sitzend nutzen zu können, kürzte man ihre Beine. Während der Meiji-Zeit (1868–1912) kam man auf die Idee, zur besseren Aufbewahrung des »chabudai« seine Beine einklappbar zu machen – eine Form, die in ganz Japan beliebt wurde. Waren sie nicht in Gebrauch, bewahrte man die Tische in einer Ecke des Raums auf, sie wurden nur zu den Essenszeiten ausgeklappt. Zu Beginn des 20. Jahrhunderts schafften in den Städten lebende Familien die individuellen Tische ab und aßen gemeinsam an einem »chabudai«. Im Jahr 1925 verwendeten mehr Familien »chabudai« als individuelle »zen«-

Anteil der Kleinfamilien an. Diese Familien mit relativ wenigen Mitgliedern trennten nicht der Tradition entsprechend nach Geschlecht und Generationen. Stattdessen wurde es normal, dass die gesamte Familie an demselben Esstisch sitzt. Mit zunehmender Popularität von Wohnungen im westlichen Stil nehmen viele Familien ihre Mahlzeiten nun gemeinsam am Esstisch ein und sitzen auf Stühlen.

Auch in Festlandchina wurde es für die gesamte Familie üblich, sich zusammen hinzusetzen und gemeinsam an demselben Esstisch zu speisen.

MAHLZEITEN MIT DER FAMILIE IN DER HEUTIGEN ZEIT

In modernen ostasiatischen Haushalten isst also die gesamte Familie gemeinsam an einem Esstisch. Auf den ersten Blick scheint dies der Auflösung der patrilinearen Abstammungsordnung sowie der Befreiung von der konfuzianischen Ideologie geschuldet zu sein. Bei einer intensiveren Untersuchung zeigt sich jedoch, dass die Veränderung des Familien- und Gruppenbegriffs in modernen Gesellschaften keine ostasiatische Besonderheit ist, sondern ein Thema, mit dem sich Gesellschaften in der gesamten Welt konfrontiert sehen. Veränderungen des häuslichen Lebens und der Beziehungen innerhalb der Familien sowie zwischen verschiedenen Gruppen sind gleichermaßen bedeutsam.

Bis jetzt haben Menschen in landwirtschaftlich geprägten Gesellschaften ein autarkes Leben geführt, gebunden an Grund und Boden. Die Familie war stets die maßgebliche Einheit für die Produktion und den Verbrauch, ebenso bei den im Handel tätigen Familien. Mit dem Wandel zu industriell geprägten Gesellschaften spielte die Familie aber nicht länger die entscheidende Rolle, wenn es um die Grundlage für ein Unternehmen ging. Und nicht jedes Mitglied eines Haushalts hatte noch eine fest zugewiesene Rolle im Rahmen der Produktion. Stattdessen fuhren die Menschen in Büros und Fabriken, die sich zu öffentlichen Produktionsstätten gewandelt hatten. Der familiäre Haushalt veränderte sich infolgedessen zu einem Ort des Konsumierens.

Organisiertes Chaos in der Küche des Restaurants Xindalu in Shanghai

Im Zuge dieser gewandelten Lebensweise hat sich ebenfalls die Größe der Haushalte verändert. Als alle Familienaktivitäten auf das häusliche Gewerbe konzentriert waren und die Produktion innerhalb der Familie erfolgte, waren Großfamilien überaus wichtig, um Arbeitskräfte bereitzustellen. In einer Gesellschaft, die vorwiegend von Gehaltsempfängern abhängig ist, die in Unternehmen oder Konzernen arbeiten, hat die Großfamilie ihre Bedeutung verloren. Stattdessen bilden sich immer mehr Kleinfamilien.

Auf der anderen Seite entwickelten sich in Gesellschaften mit einem hohen Grad an Industrialisierung all jene Funktionen, die zuvor innerhalb der Familien erfüllt wurden, zu gesellschaftlichen Dienstleistungen, die Sozialisierung familiärer Funktionen schritt voran. Die

Verantwortung für die Produktion fiel in den Bereich von Unternehmen, jene für die Erziehung und Bildung von Kindern ging auf Kindergärten und Schulen über. Und anstelle des Familienhaushalts, zuvor Grundlage der gemeinschaftlichen Versorgung, trat die Sozialversicherung, verwaltet von der Regierung.

Inmitten solcher Tendenzen verlor die Ideologie, die zuvor die Ordnung innerhalb der Familie bestimmt hatte, ihre Wirkung. Zeitgleich mit dem Eintritt der Frau in die Gesellschaft außer Haus verringerten sich die Unterschiede zwischen Mann und Frau zuhause. Die Autorität des Familienoberhaupts sowie die der anderen älteren Familienmitglieder, die zuvor den Haushalt verwalteten und deren Wissen für das heimische Gewerbe von entscheidender Bedeutung war, schwand.

Restaurant, in dem Hida-Rind serviert wird, Takayama

nehmen, zusammen mit Arbeitskollegen oder Freunden. Nach einer Umfrage im Jahr 2001 frühstückten in lediglich 25,8 % der Familien alle Familienmitglieder zur selben Zeit, und nur 31,6 % aßen täglich gemeinsam zu Abend. Der Anteil der Haushalte, in denen zwei- bis dreimal in der Woche das Abendessen mit der gesamten Familie eingenommen wird, beträgt 31,2 %. Familien, die sowohl zusammen frühstücken als auch zusammen zu Abend essen, sind in der Minderheit.[11]

In hochindustrialisierten Gesellschaften schwindet die Bedeutung der Familie als funktionelle Einheit. Der heimische Esstisch ist jedoch der Ort, an dem die Familienmitglieder – unabhängig von ihren unterschiedlichen Lebensmodellen – in Kontakt bleiben. Der Zusammenhalt in Familien entsteht durch gemeinsame Mahlzeiten. Ein Mittelweg zwischen ›Familienküche und Esstisch‹ sowie ›öffentlicher Küche und Esstisch‹ wäre folglich ideal.

[1] Seiji Aoki: Yo Saji Kitsuhanko. In: Aoki Seiji Zenshu. Vol. 9, Shunkasha, 1970

[2] Shin Sahara: Hashi to Chawan. In: Shoku no Kokogaku. Tokyo University Press, 1996

[3] Einzelheiten in Naomichi Ishige: Kapitel 2. In: Shokutaku Bunmeiron. Chukososho, 2005

[4] Tan Tanaka: Kodai Chugoku Gazo no Kappo to Inshoku. In: Naomichi Ishige (Hrsg.): Ronshu: Higashi Ajia no Shokuji Bunka. Heibonsha, 1985

[5] Cui Yongxue: Zhongguo Jiaju-shi; Zuojubian. Ming Wen Shu Ju, 1986

[6] Motonosuke Amano: Shokuji Chugoku. In: Sekai Daihyakka Jiten, Heibonsha, 1966

[7] Chang Pao-Hsiung: Nichi-Kan Minka no Hikaku. In: Hisatsugu Sugimoto (Hrsg.): Nihon no Sumai no Genryu. Bunka Shuppankyoku, 1984

[8] Fan Heson und Naomichi Ishige: Kankoku no Shoku. Heibonsha, 1988

[9] Einzelheiten siehe Anmerkung 3, Kapitel 4 und 5

[10] Einzelheiten siehe Anmerkung 3, Kapitel 7

[11] Ministry of Health, Labour and Welfare; Equal Employment, Children and Families Bureau (Hrsg.): FY2001: Jido Kankyo Chosa Kekka no Gaiyo, Ministry of Health, Labour and Welfare homepage 2003

Diese Phänomene, die sich auch als Bestandteile der ›Demokratisierung der Familie‹ bezeichnen lassen, entwickelten sich ungeachtet der Einflüsse des jeweiligen politischen Systems, ob Sozialismus oder Kapitalismus. Und sie beschränken sich nicht auf Ostasien – denn die Kleinfamilie, versammelt um einen gemeinsamen Esstisch, ist in hochindustrialisierten Gesellschaften weltweit auf dem Vormarsch.

Die Sozialisierung familiärer Funktionen in Bezug auf das Essen ist gekennzeichnet von einer fortschreitenden Entwicklung der Nahrungsmittelindustrie, sozusagen der ›öffentlichen Küche‹, und der zunehmenden Gewohnheit, außer Haus zu essen, am ›öffentlichen Esstisch‹. Die Menschen, mittlerweile wohlhabender geworden, gingen dazu über, Nahrungsmittel, die in

öffentlichen Küchen hergestellt werden, für den Verzehr zuhause zu kaufen. Auch gibt es mehr Möglichkeiten, außerhalb der eigenen vier Wände an öffentlichen Esstischen essen zu gehen. Die Zeiten, in denen alle Mahlzeiten von der Familie bestimmt wurden, gehören der Vergangenheit an.

Darüber hinaus ergeben sich immer weniger Gelegenheiten für die Familie, sich am Esstisch zu versammeln. In Japan wird in vielen Familien zu unterschiedlicher Zeit gefrühstückt, je nachdem, wie lange man zur Schule oder Arbeit und zurück benötigt. Die wenigen, die zu Hause zu Mittag essen, sind Hausfrauen/-männer, sehr junge Kinder und ältere, nicht mehr berufstätige Menschen. Für die arbeitende Bevölkerung ist es absolut üblich, ihr Abendessen außer Haus einzu-

VON TEE-RÄUMEN ZU CAFÉ-STRASSEN ODER: WIE KOMMT DER KAFFEE IN DIE KIRCHE?

GIN-YOUNG SONG

Moderner Legende zufolge hat man in Seoul noch bis in die 1980er-Jahre Kaffee in einem »Dabang« (übersetzt: Tee-Raum) genossen, serviert von der Wirtin oder ›Madame‹, wie man sie damals nannte. Mit einem Dabang verbindet man in der Regel gepolsterte Sitzecken und Sofas, niedrige Trennwände, warmes Licht und klassische Musik. Vergleichbar den heutigen Cafés, boten sie Tee, Snacks und löslichen Kaffee an. Als »Morning Coffee« bezeichnete man löslichen Kaffee mit rohem Eigelb darauf. Für diejenigen, die nach 1980 geboren sind, ist der Dabang schlicht einer der nostalgischen Orte, die man selbst nicht mehr in dieser Art kennengelernt hat.

Ähnlich verhält es sich mit Kaffeeautomaten, die bis in die 1990er-Jahre an vielen Orten der Stadt das moderne Alltagsleben begleitet haben. Der südkoreanische Kultautor Youngman Heo würdigt in der Episode »Ciao, Kaffeeautomat« seines Comics »Wie wär's mit einem Kaffee?« die einst florierenden Kaffeeautomaten mit Münzeneinwurf. Im Comic steht ein Amerikaner hilflos vor einem solchen Gerät, das längst nicht mehr in Betrieb ist. »Das gibt's doch nicht! Ich bin extra hierhergekommen, nur um wieder einmal den Kaffee zu genießen!«, schreit er. Nach seiner Zeit als Austauschstudent in diesem Viertel habe er den Kaffee aus diesem Automaten so vermisst, dass er nun, während einer Geschäftsreise nach Seoul, extra dort hingekommen sei. Einer der Protagonisten, Besitzer und ›Kaffeemeister‹ eines Cafés, fragt ihn, ob es denn unbedingt ›dieser‹ Kaffee sein müsse, sein Lehrling lädt ihn sogar freundlich zu einem ›besseren‹ Kaffee ein. »Solche Cafés gibt es viele auch in den USA«, antwortet der Amerikaner und beharrt auf dem Automatenkaffee.

Morning Coffee

Der Kaffee für 300 Won – umgerechnet etwa 27 Cent – aus dem Automaten, der Freund der einfachen Menschen, der Feind der Gesundheit und das Symbol der Ästhetik des billigen Geschmacks, wurde seit der Jahrtausendwende allmählich ersetzt durch eine differenzierte Genusskultur um den Espresso und den Filterkaffee sowie den kompakten Kaffeevollautomaten für den häuslichen und gewerblichen Gebrauch, wie man es auch in Europa kennt.

Korean Style Coffee?

Abgesehen davon, dass man den Dabang- oder Automatenkaffee heute vermehrt als eine Art Seele der südkoreanischen Kaffeekultur wiederentdeckt, lässt sich in Südkorea seit rund zehn Jahren eine bemerkenswerte ›neue‹ Kaffeekultur beobachten. Nach Angaben der Fachzeitschrift Coffee hat sich die Anzahl der Cafés multinationaler und nationaler Ketten sowie der kleinen, unabhängigen Cafés zwischen 2008 und 2010 vervierfacht. 2012 gab es ca. 15 000 Cafés in Südko-

rea, davon etwa die Hälfte in der Hauptstadt Seoul und ihrem Umkreis. Seitdem haben sich Cafés als Orte des Konsums, Genusses, Arbeitens und Zeitvertreibs im städtischen Alltag weiter etabliert. Neben den bekannten internationalen Ketten wuchsen ebenfalls südkoreanische Unternehmen wie die Franchise-Kette caffé bene, aber auch Roastery-Cafés, d. h. Cafés mit eigener Rösterei, sowie der Markt für den privaten Genuss. Nach einer ›ersten Welle‹ in den 1960er-Jahren, als Kaffee für jedermann erschwinglich wurde, und einer ›zweiten Welle‹, gekennzeichnet vom schnellen Genuss durch Kaffee-Ketten und Kapselmaschinen,[1] ist nun in den Medien von einer ›dritten Welle‹ der Kaffeekultur die Rede. »Feinschmecker« und »Puristen« nennt Die Zeit die Protagonisten dieses weltweiten Trends der urbanen Kaffeeszene.[2] Er ist charakterisiert durch die Spezialisierung und Individualisierung des Zubereitungsprozesses wie auch durch die generelle Aufwertung des Produkts Kaffee.

Die ›neue‹ Kaffeekultur stellt übrigens auch für europäische Städte etwas anderes dar als Omas Filterkaffee oder italienischer Espresso. »Don't be surprised if your coffee doesn't taste as expected. Allow yourself to discover what it is: A fruit.«, klärt uns die Webseite eines Zürcher ›Dritte-Welle‹-Cafés auf.[3]

Die heutigen urbanen Kaffeekulturen zeichnen sich durch ihre globale Gleichzeitigkeit aus, ein »urbanes Hipster-Café« findet man sowohl in San Francisco, Barcelona und Sydney als auch in Seoul. Wissen und Informationen, aber auch die Art des Fühlens und Schmeckens sowie das Vokabular zur Beschreibung der gustatorischen Eindrücke werden über das Internet, über verschiedene mediale Darstellungsformen und

Links: Der Innenraum des Keopi Maeul in Ilsan New Town **Rechts oben:** Jisu (links) und Songha (rechts) sind Stammgäste aus dem Viertel. **Rechts unten:** Täglich werden frische Lütticher Waffeln nach ›original belgischem‹ Rezept gebacken.

über Institutionen wie z. B. die Specialty Coffee Association oder über verschiedene Wettbewerbskulturen vermittelt, standardisiert und reproduziert.

Lässt sich also im Zeitalter globaler Interdependenz der Städte überhaupt von einer südkoreanischen Kaffeekultur sprechen? Statt ›die‹ authentische südkoreanische Kaffeekultur zu suchen, ist im Folgenden ein konkretes Beispiel Thema, welches das ›raumschaffende‹ Potenzial des Kaffees in einem südkoreanischen Kontext aufzeigt. Hierbei spielt die Symbolhaftigkeit des Kaffees eine zentrale Rolle.

Das Keopi Maeul

Das Keopi Maeul /kʰʌpʰi maɯl/ (offiziell auf Englisch Coffeehouse for Village) befindet sich an einer Straßenecke in Baekseok-dong, Distrikt 13, in Ilsan New Town. Ilsan New Town wurde Anfang der 1990er-Jahre gebaut und ist eine der frühesten Plan- und Trabanten-

städte im Umkreis von Seoul. Das Gebäude beherbergt im Erdgeschoss ein Café mit eigener Rösterei und das »Eine Stunde Schule«, eine Nachhilfe-Einrichtung für sozial benachteiligte Kinder und Jugendliche. Außerdem wurde 2015 eine Holzwerkstatt für Erwachsene, Kinder und Jugendliche eröffnet. Beim Café steht ein mobiler Kaffee-Wagen, der »Dallyeora Keopi« (übersetzt: »Renn, Kaffee!«). Durch ihn sind die Projekte des Keopi Maeul nicht an einen Ort gebunden. Zwischen dem Café und der Werkstatt führt eine Treppe hinunter zu einem renovierten Kirchenraum, der zuvor einem Weinhändler als Weinkeller diente. Dieser Raum ist immer offen und wird für den wöchentlichen Gottesdienst und für Konzerte genutzt. Hier ist ein evangelischer Pfarrer also zugleich ein in der südkoreanischen Kaffeeszene anerkannter Barista.

Das Keopi Maeul unterscheidet sich in seinem Konzept von einem herkömmlichen Gemeindezentrum.

Aus einer religionssoziologischen Perspektive ließe es sich vielmehr in den Kontext einer »Dekonstruktion der Kirche«[4] einordnen: eine aktive Säkularisierung der Kirche als Institution, hin zu einer sozial engagierten, ökumenischen und unternehmerischen Gemeinschaft. Seine Projekte lassen sich in ihrer Verbindung zur allgemeinen Community-Bewegung verstehen, als Experimentierfelder alternativer Wirtschaftsformen, im Sinne einer moralischen Ökonomie.

Für Pfarrer und Barista Junho Ahn (45) ist dabei Kaffee kein Medium zur Vermittlung seiner religiösen Überzeugung, sondern Teil seiner Selbstrealisierung. »Ironischerweise empfinde ich mich desto mehr als ›richtigen‹ Pfarrer, je mehr ich mich an mein Barista-Selbst annähere. Ich möchte gern ein Pfarrer werden, der einen ›richtig guten‹ Kaffee macht, und nicht einer, der gut reden kann.«[5] »Kaffeemachen« meint in diesem

Eine Café-Straße im Stadtviertel Buam-dong in Seoul

Der Außenbereich eines Cafés im Stadtviertel Samcheong-dong in Seoul. Die Cafés verändern die Atmosphäre und Funktion einer Straße.

Zusammenhang den gesamten Prozess von der Röstung über das manuelle Verlesen beschädigter Bohnen bis zum Mahlen und Brühen. Dieser (wiederholte) Vorgang ist für ihn eine Arbeit körperlicher und ästhetischer Art, beinahe meditativ. Gerade die Materialität des Getränks Kaffee ist hierbei von zentraler Bedeutung.

Aber warum ausgerechnet Kaffee? »Die Kaffeekultur ist so. In der Kaffeekultur ist alles drin. [...] Die vielfältigen Zubereitungsweisen, [...] aber auch das Trinkritual, Elemente des Feierns, Konzerte, Gespräche, das Lernen, wie man Kaffee macht.« Die kulturelle Dimension des Kaffees hängt für Ahn demnach nicht nur mit den differenzierten Zubereitungsweisen des Getränks zusammen, sondern auch mit den Handlungen und Assoziationen rund um den Kaffee. Über das Getränk hinaus geht es ihm um eine generelle Lebenseinstellung, im Einklang mit seiner theologischen Haltung, die

den Glauben auch über die Praktiken des »(körperlich) Arbeitens, Feierns, Fröhlichseins und Zusammenseins« deutet.

Café-Golmok – Golmok-Café

Dazu gehört auch, dass das Café in einer »Golmok« liegt, was nicht nur eine räumliche, sondern auch eine symbolische Selbstverortung ist. Golmok meint im Koreanischen einen schmalen Weg abseits der Hauptstraßen, übersetzbar ins Deutsche mit »Gasse«. »Ich bin Pfarrer eines Golmok-Cafés«, beschreibt Ahn sich selbst.

Seit den drastischen Urbanisierungsprozessen der 1970er-Jahre wurden diese engen, kurvigen, oft nur für Fußgänger geeigneten Straßen häufig mit ärmeren Gegenden der Stadt assoziiert, die den Großbau- und Sanierungsprojekten entkommen waren. Sie sind sowohl Produkt als auch Symbol der nicht-planbaren Entwicklungsprozesse der Stadt. Wurden die bau-

lichen Modernisierungsprozesse der 1960er- bis 1990er-Jahre als äußerst undemokratische, drastische Transformation von oben wahrgenommen, bestimmt von wenigen Baukonzernen im Auftrag einer autoritären Regierung, so symbolisieren diese Orte das Gegenteil – einen ästhetisierten und idealisierten Ort in einem urbanisierten und wandelbaren Stadtraum, der Gefühle der Authentizitätserfahrung hervorruft.

Die symbolische Aufwertung der Golmok seit einigen Jahren geht offensichtlich mit der Entstehung der sogenannten Café-Golmok, d. h. Gassen mit mehreren kleinen Cafés, und einer Revitalisierung der lokalen Ökonomie durch die ›gemütlichen‹ und ›originellen‹ Cafés einher. Mit ihren Fassaden und individuellen Schaufenstern verändern sie die Golmok, und so sind viele dieser Café-Straßen mittlerweile zu Flaniermeilen geworden. Man verbindet mit den von Kleinunterneh-

Cafés im
Stadtviertel
Samcheong-dong
in Seoul

soll. Mag es an der Discokugel an der Decke, an der Holzwerkstatt oder schlicht am Geruch der gerösteten Kaffeebohnen liegen: Eine Café-Kirche erscheint in der Tat weniger ›kirchlich‹, als man sich einen Kirchenraum vorstellt.

Kaffee und Raum

Seit rund zehn Jahren hat sich der Kaffee in vielen Ebenen des südkoreanischen Alltags nicht allein als Konsumgut etabliert. Die Kaffeekultur hat sich weiterentwickelt und geht heute über die Dimension des Kaffees als Getränk hinaus. Das Beispiel des Keopi Maeul zeigt, wie sich eine Glaubensgemeinschaft über die Symbolhaftigkeit des Kaffees über die institutionellen Grenzen hinaus neu orientiert und definiert.

Der Wandel der Kaffeekultur wie auch der Räume, in denen sie gelebt wird, zeigt sich auf vielfältige Art und Weise. Die Stadt Seoul integriert beispielsweise eine Café-Straße in ihren offiziellen Stadtplan für Touristen, um für einen Spaziergang durch die ›traditionellen‹ Gassen zu werben. Diese Veränderungen – vom Kaffee der Dabang oder der Kaffeeautomaten bis zum Café in der Golmok – geschehen jedoch nicht willkürlich, sondern basieren auf den bereits bestehenden Interpretationen von Kaffee als Getränk und den mit ihm verbundenen Handlungen und Vorstellungen. Durch diesen Prozess verwandeln sich auch die Bedeutung und Funktion der jeweiligen Räume.

[1] sz-magazin.sueddeutsche.de/texte/anzeigen/39515/ Laeuft (Stand 16.07.2015)

[2] www.zeit.de/lebensart/essen-trinken/2010-09/kaffee-trends (Stand 16.07.2015)

[3] www.bbc-coffee.ch/en/ (Stand 16.07.2015)

[4] Marti, Gerardo; Ganiel, Gladys: The Deconstructed Church. Understanding Emerging Christianity. Oxford 2014

[5] Alle Zitate von Junho Ahn beruhen auf den folgenden Quellen, und ich bedanke mich für seine Offenheit:
- Interview mit Junho Ahn am 30.05.2015 im Keopi Maeul, Ilsan New Town
- E-Mail-Austausch mit Junho Ahn vom 29.–30.06.2015
- Junho Ahns Blogeinträge: blog.naver.com/walk_forest (letzter Zugriff am 30.06.2015)

mern geführten Cafés europäischen Lebensstil, nimmt aber zugleich ihren lokalen Charakter wahr. Es entsteht symbolischer wie auch ökonomischer Mehrwert durch die Verbindung von Altem und Neuem, von Eigenem und Fremdem.

Für Ahn ist die Golmok ein optimaler Ausgangspunkt für seine Aktivitäten. Aus pragmatischer Sicht sind die Miete und generellen Erhaltungskosten geringer als auf Hauptstraßen oder in bereits stark kommerzialisierten Orten. Seine Wahl hat jedoch nicht zuletzt

auch mit der symbolischen Dimension dieses Orts zu tun: Zum einen symbolisiert Golmok einen abgelegenen Ort, den man mit sozial benachteiligten Menschen assoziiert – ein Gegenbild zu den prächtigen Gebäuden der Mainstream-Kirchen. Zum anderen hat es mit dem positiven, aufgewerteten Image der Golmok als kreativer und authentischer Ort zu tun.

Umgekehrt fungiert auch die symbolische Verortung als Leitbild und beeinflusst in der Folge die Vorstellung, wie der physische Raum gestaltet und genutzt werden

PROJEKTE IN ASIEN

OLD STREET KOBITEH

RESTAURANT | HONGKONG (HK)

Design: NC Design & Architecture (NCDA), www.ncda.biz
Team: Whatever Workshop (Grafikdesign)

Fertigstellung: 2013

Kontakt: Shop G09, Popcorn Mall, Tsueng Kwan O, Hong Kong (HK)
Inhaber: Buick Management Limited

Farbenfroh und einladend, klar und reduziert in der Organisation des Raums – so begrüßt das Old Street Kobiteh Restaurant seine Besucher. Es befindet sich im Hongkonger Stadtteil Tseung Kwan O in einer Shopping Mall. Das ebenfalls in Hongkong ansässige Büro NC Design & Architecture unter der Leitung von Nelson Chow will mit seinem architektonischen Konzept für das Restaurant Erinnerungen an Malaysias Straßen der 1920er-Jahren lebendig werden lassen. Er dachte dabei besonders an die damals gerade im Entstehen begriffenen Kopitiams. Der Name Kopitiam leitet sich her von den malaiischen Wörtern »kopi« für Kaffee und dem aus der südchinesischen Sprache Hokkien stammenden Wort »tiam« für Geschäft. Man findet Kopitiams in Südostasien vor allem in Wohngebieten aber auch in Geschäftsvierteln. Die meisten Kopitiams bestehen aus einer Ansammlung kleiner Buden oder Läden. Es sind Orte des geselligen Beisammenseins, an denen neben Kaffee und sonstigen Getränken auch einfach zuzubereitende Gerichte aus verschiedenen Regionen, unterschiedlichen Kulturen und Traditionen angeboten werden. Trotz der Einfachheit der meisten Kopitiams ist das Angebot sehr vielfältig.

Während des Entwurfsprozesses wurde Nelson Chow auf historische Fotos aufmerksam, auf denen dargestellt wird, wie Straßenhändler mit der Zubereitung verschiedener Speisen beschäftigt sind, um sie anschließend an die Passanten zu verkaufen. Chows Vorstellung von der Vielfalt der Klänge, Aromen und Düfte, die ihm bei diesen lebendigen Stadtszenerien in den Sinn kamen, sollten sich im visuellen Konzept des Restaurants ausdrücken.

Die Organisation des Restaurants, mit dessen Planung im Jahr 2012 begonnen wurde, ist einem typischen

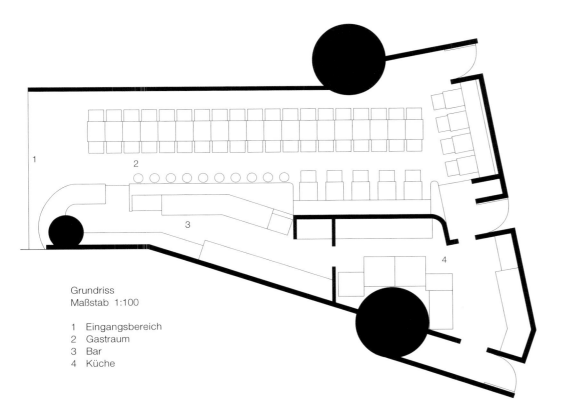

Grundriss
Maßstab 1:100

1 Eingangsbereich
2 Gastraum
3 Bar
4 Küche

Kopitiam nachempfunden, der südostasiatischen Variante eines Cafés.

Wer das Old Street Kobiteh betritt, wird ebenfalls von einer Vielfalt überrascht, die sich hier vor allem aus den verwendeten Materialien ergibt. In dem annähernd rechteckigen Hauptraum stehen 19 aneinander gereihte Zweiertische in einer Flucht von elf Metern Länge. Jede Platte eines solchen Zweiertischs ist mit einem anderen traditionellen malaiischen Muster, bestehend aus kleinen Mosaikfliesen, belegt. Die Abfolge der verschiedenen Dekore auf den Tischplatten ergibt ein buntes, aber harmonisches Gesamtbild – bunt wie die unterschiedlichen Menschen, die sich hier treffen, und, wie es sich der Architekt wünscht, alle miteinander an einem Tisch sitzen.

Parallel zu der langen, farbenfroh verzierten Tischflucht befindet sich der Tresen. Hier kann man auf Barhockern dabei zusehen, wie die Speisen zubereitet werden. Oberhalb des Tresens ist die Speisekarte auf aneinandergereihten hinterleuchteten Paneelen für alle Gäste gut lesbar angebracht.

Im rückwärtigen Teil des Old Street Kobiteh, etwas versteckt in Nischen, befinden sich zwei weitere Sitzbereiche. Einer schließt direkt an die Bar an und bietet Platz für zehn Personen. Ein witziges Detail in dieser Nische ist die an der Wand befestigte mechanische Schreibmaschine, die, längst ausgedient, hier noch einmal zu Ehren kommt. Der andere Bereich mit acht Sitzplätzen liegt an der Stirnseite des Raums.

von Seiji Oguri und Yohei Oki, ist für den Entwurf verantwortlich. In den Gesprächen, die die Planer mit der Besitzerin im Vorfeld führten, stellte sich heraus, dass sie sich für ihr Café eine lebhafte und natürliche Atmosphäre, wie während eines Waldspaziergangs wünschte. Zugleich sollte der Raum sich so zurückhaltend zeigen wie eine Galerie. Wie also den Wald ins Zimmer holen? Mit echten Pflanzen zu arbeiten, war nach Ansicht der Gestalter keine Lösung. Ihrer Meinung nach sehen Pflanzen in Räumen ohnehin nicht besonders lebendig aus und in einem Café könnten sie womöglich Insekten anlocken. So fanden sie zu einer anderen, abstrakteren Lösung.

Von der Straße aus betritt der Besucher den rechteckigen Gastraum über eine verglaste Schiebetür. Im Inneren findet er sich in einem Wald aus kaffeefarbenen Stahlrohren. Es sind auf das Minimum reduzierte, abstrahierte Laubbäume, die aussehen wie Skizzen von Bäumen ohne Blattwerk.
Diese multifunktionalen Stahlrohre fungieren aber nicht nur als dekorative Elemente sondern sie dienen zugleich

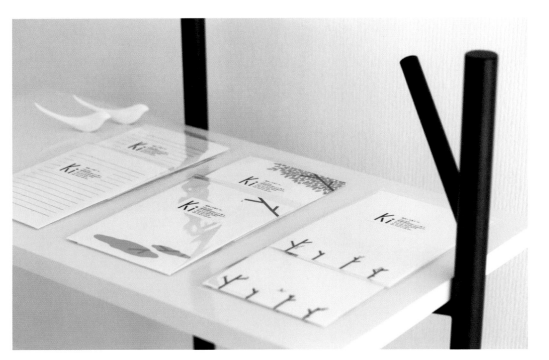

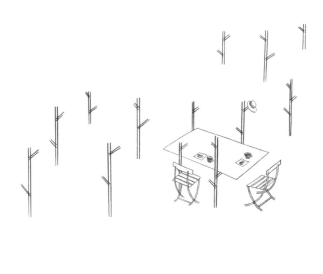

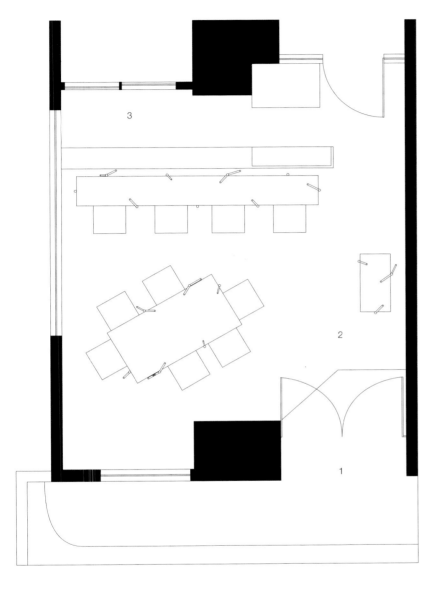

Grundriss
Maßstab 1:50

1 Eingang
2 Gastraum
3 Theke

als Stützen für insgesamt drei Tische im Café. Zwei der Tische, einer mit einem, einer mit sechs Sitzplätzen, stehen frei im Raum. Der dritte steht entlang des Tresens und bietet Sitzplätze für vier weitere Gäste.

Der Raum, der vom Boden bis zur Decke in Weiß gehalten ist, lässt die im Kontrast dazu stehenden dunklen »Bäume« hervortreten. Sie scheinen über die Oberkanten der Tischplatten hinauszuwachsen. So können an ihren »Ästen« Hüte, Taschen und Jacken aufgehängt werden. Obwohl an dem größten der drei Tische sechs Gäste auf vergleichsweise engem Raum sitzen, bleibt dennoch eine angenehme Distanz gewahrt, weil die Äste den Raum optisch unterteilen.

Aus dieser einfachen gestalterischen Idee leitet sich der Name des Cafés ab, denn »Ki« ist das japanische Wort für Wald. Das junge Büro id interpretiert durch die Wahl der Mittel und die Umsetzung des Entwurfs die japanische Tradition der Beschränkung neu. Man könnte an ein Haiku denken, das dem großen Vertreter dieser Dichter, Basho, zugeschrieben wird: »Komm in die Hütte und bring mir vom Winde mit, der durch die Fichtenzweige weht«[2]. Wie das Café Ki eröffnet auch dieser Gedichttext einen weiten Assoziationsraum.
Beschränkung ist übrigens auch das Motto für das gastronomische Angebot: Hier wird im Wesentlichen Kaffee ausgeschenkt. Wer etwas essen möchte, kann sich durch das Sortiment hausgemachter Kuchen und Törtchen hindurchprobieren. Dass die Planer den traditionellen Sinn fürs Detail weitertragen, zeigt sich auch darin, dass sie unter anderem die Grafik, die Kleidung der Mitarbeiter und die Website gestaltet haben. Die Reaktionen der Umgebung auf das Café sind sehr gut, wie Seiji Oguri und Yohei Oki berichten. Schon in der Bauphase blieben Passanten häufig stehen und schauten sich den weißen Raum mit den angedeuteten Bäumen genau an und heute kommen Besucher von alt bis jung gerne in das Café.

[1] Vgl. hierzu: Erläuterungen zu einer fremden literarischen Gattung. In: Haiku. Japanische Gedichte. Ausgewählt, übersetzt und mit einem Essay herausgegeben von Dietrich Krusche. München 1994, S. 122ff.

[2] ebd., S. 62

SUSHI AZUMA

RESTAURANT | OSAKA (J)

Design: STILE, www.go-go-stile.com | **Team:** Ietsugu Ohara; Jiro Ida,
Ida Home (Bauausführung); Hiroyuki Nagatomi, Maxray (Beleuchtung);
Kenichi Kandatsu, flame (Leuchtendesign); MichioTano, Yagi Collection (Möbel)

Materialien: Segeltuch, Holz | **Fertigstellung:** 2011

Kontakt: 1-6-10 /Century Building 1F, Sonezakishinchi, Kita-ku, Osaka (J)
Inhaber: Mamoru Azuma

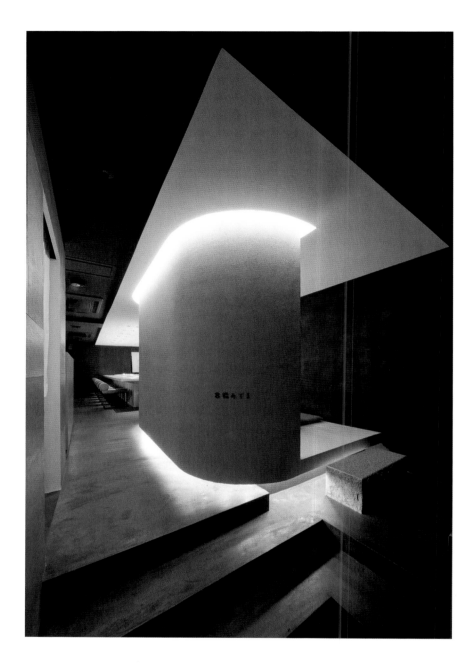

Klare Linien, schmucklose Wände und indirektes Licht
sind wesentliche Elemente in der Gestaltung des Sushi
Azuma in Osaka. Man betritt die es durch einen un-
auffälligen Eingang. Eine nach oben aufgerollte weiße
Jalousie – ähnlich der traditionellen japanischen »Sudare« – zeigt den Besuchern an, dass das Restaurant
geöffnet ist.

Der annähernd rechteckige Gastraum ist in mehrere
Zonen unterteilt. Bereits am Eingang leitet eine geschwungene Trennwand den Gast vorbei an der Emp-
fangstheke in den hinteren Bereich des Restaurants, wo
sich der großzügige Tresen befindet. Hier können die
Besucher Platz nehmen und den Sushi-Meistern bei
ihrem Werk zusehen. Gegenüber des Tresens sind in
zwei Nischen Tische mit fest installierten Sitzbänken

positioniert, an denen man geschützter als am Tresen die bestellten Speisen zu sich nehmen kann. Die
Nischen selbst wie auch die Wand, hinter der sie sich
verstecken, sind mit Holz verkleidet, was dem gesamten Raum eine angenehme warme Atmosphäre verleiht.
Tische und Sitzbänke bestehen ebenfalls aus Holz.
Hinter der geschwungenen Trennwand verbirgt sich

– durch zwei Stufen etwas abgetrennt vom restlichen
Restaurant – eine weitere Zone, wo die Gäste das Essen
auf traditionelle japanische Weise am Boden sitzend
genießen können.

Die farbliche Gestaltung des Restaurants setzt ganz
auf starke Kontraste: Schwarze Wandflächen stehen

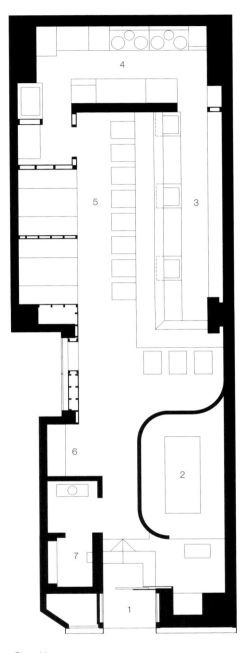

Grundriss
Maßstab 1:100

1 Eingangsbereich
2 Separee
3 Sushi-Theke
4 Küche
5 Gastraum
6 Rezeption
7 Toiletten

den hellen Holzvertäfelungen gegenüber, der dunkle Fußboden hebt sich deutlich von der hellen Decke ab. Auch die Beleuchtung setzt auf Kontraste: Während die geschwungene Wand durch oben und unten angebrachte Lichtbänder indirekt beleuchtet wird, befinden sich im Bereich der Nischen nur punktuelle Lichtquellen. Das geschickt inszenierte Spiel von Licht und Schatten macht die konzentrierte und ruhige Atmosphäre des Restaurants aus. Ietsugo Ohara, der Architekt, sagt dazu: »Ich habe dem Entwurf sämtliche dekorativen Elemente entzogen und mich auf die Grundstrukturen des Raums und das Licht konzentriert. Die Aufmerksamkeit der Gäste soll sich dadurch ganz auf die Arbeit des Sushi-Meisters richten können.«

SMITH&HSU TEEHAUS

TEEHAUS UND TEELADEN | TAIPEH (RC)

Design: Carsten Jørgensen

Materialien: Beton (Wände und Fußboden), Holz (Möbel) | **Fertigstellung:** 2011

Kontakt: Nanjing Store, No. 21, Section 1, Nan Jing East Road, Taipei (RC), www.smithandhsu.com
Inhaber: smith&hsu teahouse

Der Genuss, der mit rituellem Teetrinken verbunden ist, hat nicht nur im asiatischen Raum Tradition. Im Zuge des Imports von Tee aus China entstand im 17. Jahrhundert auch die Britische Teekultur. Damals war Tee sehr teuer und galt als Statussymbol. Wenn heute in Taipeh im smith&hsu Teehaus englischer Cream tea und Afternoon tea angeboten werden, beißt sich eine Tradition sozusagen »in den Schwanz«. Eine kulturelle Errungenschaft hat im Lauf der Zeit den Globus umrundet.

Die Marke smith&hsu, die in Taiwan gegründet wurde, hat sich ganz auf das Teegeschäft spezialisiert. Im Sortiment sind lose Teesorten, die aus Anbaugebieten in aller Welt stammen, aber auch Zubehör rund um den Tee. Ein besonderer Fokus liegt dabei auf allem, was für die chinesische und die britische Teekultur von Nöten ist.

Das Unternehmen betreibt mehrere Läden mit gastronomischem Angebot, darunter auch das Teehaus in der Nanjing East Road in Taipeh. Hier kann man nicht nur Tee kaufen, sondern im dazugehörigen Café auch trinken. Gestaltet wurde es von dem Dänisch-Schweizer Produktdesigner Carsten Jörgensen. Der Laden mit Gastbereich erstreckt sich über zwei Ebenen und bietet im unteren Geschoss Platz für ca. zehn Personen, im oberen für etwa 48 Personen. Beim Betreten findet sich der Gast im Verkaufsraum wieder, wo in quadratischen Regalen aus Holz und in Vitrinen die verschiedenen Teesorten sowie die Produkte von smith&hsu angeboten werden. Im oberen Geschoss kann der Teegenießer die unterschiedlichen Sorten verköstigen und dabei in einem Buch oder in einer Zeitschrift lesen, die in Regalen entlang der Wände zur freien Verfügung stehen.

Um das Naturprodukt Tee angemessen in Szene zu setzen, entschied sich Jörgensen für eine dezente Farbgebung und für die Materialien Holz und Sichtbeton. Die Wände und Böden aus Sichtbeton wirken eher kühl, während das Holz der Regale und der Möblierung dem Raum eine lebendige Wärme verleiht. Die Decke ist in zurückhaltendem Schwarz gestrichen. Alle Materialien stellen ihren Charakter deutlich zur Schau, so wie es auch beim Tee der Fall ist. Um den Kontrast zwischen organischem und anorganischem Material noch einmal zu variieren, kombinierte man bei der Wahl der Stühle für den Restaurantbereich Hans J. Wegners hölzerne Y-Chairs mit den Plastic Side Chairs von Charles & Ray Eames.

Entstanden ist ein klar gegliederter, großzügig wirkender Raum, auf dessen 172 Quadratmetern sich der Geist des Tees mit dem Geist des geschriebenen Worts verbindet.

Doch auch der Genuss kommt nicht zu kurz. Das Angebot des smith&hsu umfasst kulinarische Überraschungen rund um den Tee vom Cream tea, der ursprünglich aus Südengland stammenden Variante des Nachmittagstees mit Scones, Clotted cream und Erdbeerkonfitüre bis hin zum Afternoon tea, bei dem das Speisenangebot zusätzlich auch Savouries, kleine belegte Sandwiches und andere Appetithäppchen, umfasst.

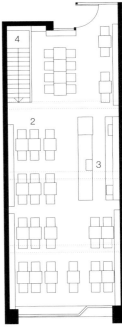

Grundriss
Erdgeschoss · Obergeschoss
Maßstab 1:200

1 Eingang
2 Gastraum
3 Theke
4 Treppe ins Obergeschoss
5 Verkaufsbereich

PLAY POT

RESTAURANT | SEOUL (ROK)

Design: Lim Taehee Design Studio, www.limtaeheestudio.com | **Team:** Dongeun Park, Sorah Oh; U.JA Design Lab

Materialien: Waschbeton, gestrichene Oberflächen, Tarpaulin, Tischlerplatte | **Fertigstellung:** 2012

Kontakt: Bangbae-dong 925-23, Seocho-gu, Seoul (ROK) | **Inhaber:** Sungjin Moon

Die Grundfarbe Gelb hat eine starke Signalwirkung. In Thailand repräsentiert sie das Königshaus, in China war sie bei der Kleidung ausschließlich dem Kaiser vorbehalten. Und auch bei der Gestaltung des Play Pot Restaurants in Seoul spielt Gelb eine zentrale Rolle.

Die Farbe wirkt schon von der Straße aus. Das gelb-weiß gestreifte Band, das sich an der Fassade über die gesamte Breite des Restaurants erstreckt, zieht die Aufmerksamkeit der Passanten auf sich. Die Streifenmuster stehen in verschiedenen Neigungswinkeln zueinander und sind auf Tarpaulin, eine wasserfeste Plane, gedruckt. Als imprägniertes Gewebe kommt das Material normalerweise in der Seefahrt und beim Bau von Zelten oder temporären Marktständen zum Einsatz. Gelb-weiß gestreift ist auch die teppichartige Bahn, die Besucher von der Straße aus ins Innere des Restaurant locken soll. Auch dort finden sich die auffällig gemusterten Tarpaulinbahnen wieder: als Abhängungen an der Decke und in Teilflächen an der Stirn- und Rückseite des Raums.

In Asien gibt es eine lange Tradition des Essen auf der Straße, die sich zu einer regelrechten Esskultur entwi-

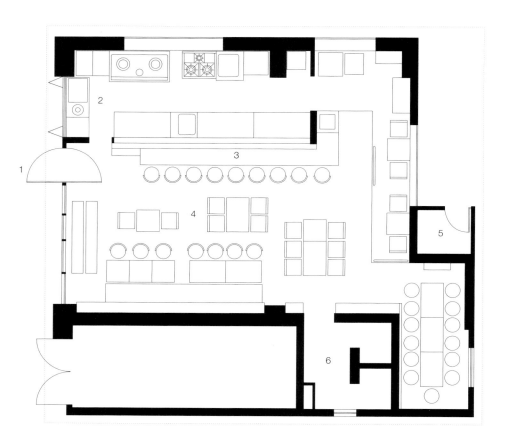

Grundriss
Maßstab 1:100

1 Eingang
2 Küche
3 Theke
4 Gastraum
5 Lager
6 Toiletten

ckelt hat. Da jedoch vor allem in Korea im Verlauf der Jahreszeiten extreme Temperaturunterschiede spürbar werden, suchen die hungrigen Passanten gerne Zuflucht in sogenannten Pojangmachas (übersetzt: Planwagen). In diesen mobilen zeltartigen, manchmal auch mit Rädern versehenen Ständen, wird Essen verkauft und – vor Hitze, Kälte und Regen geschützt – gegessen und getrunken. Spätabends herrscht hier oft eine Atmosphäre wie in einem mitteleuropäischen Pub. In den Pojangmachas werden so typische Gerichte wie

Hotteok (gefüllte Pfannkuchen), Gimbap (in Algenblätter eingerollter, mit verschiedenen Zutaten gefüllter Reis, vergleichbar mit dem japanischen Sushi), Tteokbokki (Reis- oder Fischkuchen in Chilisoße), Sundae (gedämpfte Innereien vom Schwein oder Rind), Dakkochi (Hühnchenspieße) oder Mandu (gefüllte Teigtaschen) verkauft.
Für die Architekten stellte sich die Frage, wie diese koreanische Tradition des Essens im Vorübergehen – diese spezifisch koreanische Fast-Food-Kultur

– zeitgemäß zu übersetzen sei. Eine simple Kopie der Tradition kam dabei nicht in Frage. Idee war, mithilfe einfacher und kostengünstiger Materialien und durchdachter Details die temporäre und improvisierte Atmosphäre einer Pojangmacha zu erzeugen. Für die Aufteilung des Raums bedeutete das, einen Außen- bzw. Take-away-Bereich zu schaffen, der etwas vom Innenraum nach draußen projiziert. Im Inneren sollte dagegen etwas von dem beiläufigen Charakter eines Take-away-Restaurants zu spüren sein.

So wirkt es plausibel, mit den Signalfarben Gelb und Weiß sowohl den Innen- wie auch den Außenbereich zu gestalten.

Im Inneren befindet sich an der Längsseite des Raums hinter der Durchreiche zur Straße der offene Kochbereich. Die Theke besteht aus mehreren aufeinander gestapelten, in verschiedenen Lila- und Grüntönen gehaltenen Schränken. Sie ist das bestimmende Element in dem knapp 80 Quadratmeter großen Restaurant. Vor dem Umbau war hier ebenfalls ein Lokal beheimatet, das einiges an Gegenständen und Mobiliar zurückließ. So finden bestimmte Küchengeräte weiterhin Verwendung und manche Gegenstände wurden umgenutzt: Ein großer Kochtopf dient beispielsweise nun als Pflanzkübel. Auch die hölzernen Tische, die Platz für 45 Gäste bieten, stammen von den Vorgängern.

Das Projekt wurde mit einem eher kleinen Budget realisiert. Das Einfache sollte dennoch hohe Ansprüche erfüllen. Der Plan scheint aufgegangen zu sein: Heute freut sich der Architekt darüber, dass sein von einem sehr subjektiven Annäherungsprozess dominierter Entwurf große Sympathien bei vielen der Besucher hervorruft. Er vermutet, dass nicht zuletzt seine eigenen guten Erinnerungen an die vielen verschiedenen traditionellen Pojangmachas ein Grund dafür sind.

KAYANOYA

SOJASOSSEN-LADEN | TOKIO (J)

Design: Kengo Kuma and Associates, www.kkaa.co.jp

Materialien: Zedernholz (Koji Buta), Washi-Papier | **Fertigstellung:** 2014

Kontakt: Nihonbashi Muromachi, Chuo-ku, 103-0022 2-2-1 Tokio (J), www.kayanoya.com/shop | **Inhaber:** Kayanoya

Shōyu, hierzulande bekannt als Sojasoße, ist ein traditionelles japanisches Würzmittel mit einem ganz besonderen Geschmack. Zugleich salzig, etwas erdig und herzhaft, wird er auch als »umami« charakterisiert. Darunter versteht man den »fünften Geschmack«, der zusätzlich zu den allseits bekannten Geschmacksrichtungen salzig, süß, sauer und bitter vor etwa 100 Jahren von Kikunae Ikeda, der an der Tokyo Imperial University unterrichtete, erstmals benannt wurde und inzwischen, zumindest in Japan, etabliert ist.

Die Geschichte der Sojasoße reicht weit in die Vergangenheit. Vor über 2500 Jahren wurde sie erstmals in China hergestellt. Ihren Weg nach Japan fand sie schließlich im 6. Jahrhundert. Eine buddhistische Glaubensgemeinschaft, die den Verzehr von Fleisch und darauf basierenden Soßen verbot, nahm die chinesische Sojasauce mit dorthin. Sie wurde nach ihrer Einfuhr im Land sehr schnell beliebt, da sie den Geschmack der doch recht eintönigen, auf Reis basierenden Nahrung bereicherte. Zudem entdeckte man, dass damit Lebensmittel konserviert werden konnten. Im 16. Jahrhundert entstand bei Experimenten mit der original chinesischen Sojasoße, die nur aus Sojabohnen, Salz und Wasser hergestellt wurde, die japanische Sojasoße, wie sie heute weltweit – in unterschiedlichen Qualitäten – verbreitet ist.

In die japanische Sojasoße gehört neben den Sojabohnen ein gleicher Anteil an Getreide. Sie wird außerdem länger gebraut. Zuerst werden die Sojabohnen gemahlen, gedünstet und dann mit geröstetem sowie gemahlenem Reis- oder Weizenschrot gemischt. Durch die Anreicherung mit spezifischen Mikroorganismen bildet sich »koji«, eine Trockenmaische. In den Zellen des »koji« formen sich wichtige Enzyme für die spätere Spaltung von Sojaeiweiß. Sie sind für den späteren Brauprozess entscheidend. Anschließend werden Salz und Wasser zugefügt, sodass ein Brei, »moromi« genannt, entsteht. Diese Mischung reift in großen Tanks. Während des Reifungsprozesses, vollzieht sich die geschmacksprä-

gende Enzymreaktion, bei der das Sojaeiweiß in einzelne Aminosäuren aufgespaltet wird. Diese Inhaltsstoffe bestimmen die Farbe, den Geschmack und die Würze der Sojasoße. Die Reifedauer beträgt in der Regel sechs bis acht Monate – bei hervorragenden Spitzensoßen bis zu fünf Jahre. Am Ende wird die vergorene Masse in Tücher gewickelt, ausgepresst, gefiltert und pasteurisiert, um eine längere Haltbarkeit zu erreichen. Für den aufwendigen Prozess sind verschiedene Gerätschaften und Vorrichtungen notwendig, die bei der Ladengestaltung des Kayanoya eine große Rolle spielen.

Kayanoya stellt seit über 120 Jahren in Fukuoka das beliebte Würzmittel in verschiedensten Varianten her. Um die eigenen Produkte landesweit bekannter zu machen, entschloss man sich, einen neuen Laden in Tokio, genauer in Nihonbashi, zu eröffnen. Dieser Stadtteil war bis zum Ende der Meiji-Periode (1868–1912) das Handelszentrum von Edo, wie Tokio damals genannt wurde.

»Der Innenraum des Ladens lehnt sich in seiner Gestaltung an den ursprünglichen Verkaufsraum in Kyushu an«, berichtet der Architekt Kengo Kuma. Es ist ein sehr ungewöhnlicher und überraschender Anblick, der sich den Besuchern des Ladens beim Betreten bietet: Von der dunklen Decke hängen große, hölzerne Bottiche, wie sie für den Gärungsprozess der Soße benutzt werden. Normalerweise stehen die Behälter während der Soßenherstellung natürlich auf dem Boden. Für die Möblierung kamen Holztabletts zum Einsatz, aus denen Regale bzw. Kommoden mit Schubfächern konstruiert wurden. Diese Tabletts heißen auf Japanisch »koji buta« und finden ebenfalls beim Herstellungsprozess der Sojasoße Anwendung. Wie bereits beschrieben bedeutet »koji« übersetzt Maische, die zum Zweck der Fermentation übrigens nicht nur für Shōyu bzw. Sojasoße, sondern auch zur Herstellung von Misopaste und dem japanische Reiswein Sake benutzt wird. Durch die luftige Weise, in der die Tabletts gestapelt sind, ergibt sich trotz des großen Raumvolumens, den die Regale einnehmen, dennoch eine leichte Gesamtwirkung.

Sämtliche Bottiche und Regalelemente sind aus Zedernholz gefertigt und stammen aus Kyushu. Regionale Handwerker stellten diese her, um die Verbindung zur Gründungsstätte des Konzerns zu unterstreichen, aber auch, um zu zeigen, welche Fertigkeiten notwendig sind um traditionelle Handwerkskunst überzeugend auszuführen – ein Aspekt, der in der japanischen Kultur einen besonders hohen Stellenwert hat.

Das Lichtkonzept für den Laden unterstreicht die aparte Spannung, die sich aus dem Rund der mächtigen von der Decke hängenden Bottiche und den filigranen, abgetreppt aufeinander gestapelten Regalkonstruktionen ergibt. In den Böden der Bottiche sind punktförmige LED-Strahler eingebaut, die bei Dämmerung oder Dunkelheit den Raum effektvoll erhellen.

Neben den Regalen für die Warenpräsentation bietet der Laden auch eine kleine Kochinsel und eine lange, Tafel, die ebenfalls aus Zedernholz gefertigt. Im Rahmen von Kochevents können die Besucher dort die vielfältigen Soßen von Kayanoya verkösten.

Bei der Wahl der Materialien greift Kengo Kuma ebenfalls auf tradierte japanische Erzeugnisse und traditionelles Handwerk zurück. So sind die Wände und Säulen des Ladens teilweise mit Washi-Papier verkleidet, das von hinten indirekt beleuchtet wird. Dadurch kommt die Struktur des in der Präfektur Fukui handgeschöpften Papiers noch besser zur Geltung.

Das Geschäft befindet sich in der Coredo Muromachi Shopping Mall. Es bezeichnet die erste Phase einer neuen Wachstumsstrategie der Firma Kayanoya, die zunächst in Japan, dann aber auch in anderen Ländern angewandt werden soll. Die Eröffnung weiterer Ladengeschäfte in Paris und New York ist im Gespräch.

COFFEESMITH

CAFÉ | SEOUL (ROK)

Design: Son Tae Young

Materialien: Sichtbeton, Dielenboden | **Fertigstellung:** 2009

Kontakt: 25 Teheran-ro 8-gil, Gangnam-gu, Seoul, www.coffeesmith.co.kr | **Inhaber:** Son Tae Young

Fällt das Stichwort koreanische Küche, denkt man am ehesten an Kimchi, das würzig-scharf eingelegte Kohlgemüse, das dort zu praktisch jeder Mahlzeit gereicht wird. Weniger bekannt ist, dass in Korea auch die Kaffeekultur sehr beliebt ist. Neben den bekannten Franchiseunternehmen aus den USA gibt es in Seoul auch koreanische Kaffeehausketten und unabhängige kleine Cafés.

Eines davon ist das coffeesmith, das Platz für mehr als 100 Besucher bietet. Es befindet sich an einer belebten Straße in einem nüchternen Sichtbetonbau und erstreckt sich über zwei Geschosse. Hohe Glasschie-

betüren trennen den zur Straße orientierten überdachten Freibereich vom Innenraum. Sind diese enorm großen Türen bei schönem Wetter und angenehmen Temperaturen geöffnet, lädt der eindrucksvolle Raum die Passanten zum Verweilen ein. Der Boden des Freibereichs ist mit den selben hölzernen Dielen belegt wie der Innenraum. Die Möblierung besteht aus weißen Stühlen mit perforierten Sitzflächen sowie Holzstühlen im rückwärtigen Teil.

Auf der oberen Ebene des Cafés sind weitere Sitzgruppen angeordnet. Halbhohe Mauern aus Sichtbeton grenzen die einzelnen Plätze voneinander ab. Gemüt-

liche Sofaecken verleihen dem Café eine gewisse Lounge-Atmosphäre. Zusätzlich erzeugen Wände, Unterzüge und Tresen aus Sichtbeton zusammen mit den teilweise mit Holz verkleideten Wänden eine eher industrielle Anmutung. Große Pendelleuchten sorgen am Abend und in der Nacht für eine helle, aber dennoch gemütliche Lichtstimmung.

Auf der Karte finden sich neben zahlreichen Kaffee- auch diverse Teespezialitäten. Die besondere Atmosphäre und die Lage in einer beliebten Einkaufs- und Ausgehgegend von Seoul machen das coffeesmith auch ohne Kimchi zu einem Besuchermagneten.

SHYO RYU KEN

RESTAURANT | OSAKA (J)

Design: STILE, www.go-go-stile.com | **Team:** Ietsugu Ohara; Kenji Kogaito, Yaohousing (Bau); Shinji Higashi, Tanikoco (Küchenkonzept); Hiroyuki Nagatomi, Maxray (Beleuchtung); Kenichi Kandatsu, flame (Leuchtendesign)

Materialien: Einscheibensicherheitsglas und Stahl (Fassade); Holz, Holzwerkstoff und Gips (Innenraum) | **Fertigstellung:** 2012

Kontakt: 1-1-1/Area No 49 Higashinoda-cho, Miyakojima-ku, Osaka (J) | **Inhaber:** KIHARA

Die Vorstellung von Nudeln weicht in der asiatischen und damit auch in der japanischen Küche von dem mitteleuropäischen Verständnis von Nudeln ab. Florian Coulmas, Japanologe und bis Herbst 2014 Direktor des Deutschen Instituts für Japanstudien in Tokyo hat in seinem Buch »Die Kultur Japans. Tradition und Moderne« darauf hingewiesen. Man könne dies, so Coulmas, unter anderem daran beobachten, dass unterschiedliche Nudeln in japanischen Supermärkten an unterschiedlichen Orten aufgestellt sind.[1] Während italienische Nudeln fast ausschließlich aus Weizenmehl oder -grieß hergestellt werden, findet man in Asien häufig

auch Mehlsorten, die in der westlichen Nudelkultur gar nicht oder nur sehr selten vorkommen, etwa Reis- oder Buchweizenmehl. Die weißlichen Glasnudeln, die aus Mungbohnenstärke bestehen und beim Einweichen und Kochen transparent werden, gibt es nur in Asien vor.[2] Sie unterscheiden sich wiederum von Ramen. Letztere sind Nudeln auf Weizenmehlbasis und können mit verschiedenen Saucen und Suppen serviert werden. Jede Stadt hat ihre eigene Ramen-Variation, und jeder Ramen-Koch erfindet seine eigenen Ramen-Spezialitäten. Ursprünglich in China beheimatet, sind Ramen heute ein wichtiger Bestandteil der japanischen

Speisen. Ramen-Küchen sind in Japan folglich weit verbreitet und sehr beliebt. In Yokohama befindet sich sogar ein Ramen-Museum. Die in Ramen-Küchen servierten pikanten Nudelgerichte, die im Sommer auch gerne in kaltem Zustand genossen werden, haben ihren Siegeszug längst auch in Europa angetreten.

Das Shyo Ryu Ken ist ein »Ramen-ya«, eine Ramen-Suppenküche, in der traditionellerweise Ramen-Gerichte, vorzugsweise Suppen serviert werden. 2012 von Ietsugu Ohara vom Büro STILE geplant und fertig gestellt, befindet es sich im Geschäftsviertel Kyobashi, ein Stadtteil von Osaka. Das Lokal wirkt von außen augen-

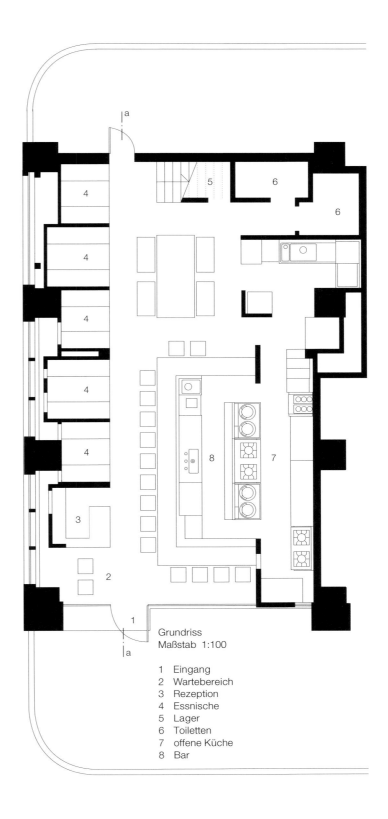

Grundriss
Maßstab 1:100

1 Eingang
2 Wartebereich
3 Rezeption
4 Essnische
5 Lager
6 Toiletten
7 offene Küche
8 Bar

fällig und selbstverständlich zugleich. Die Planer wollten einen Ort schaffen, an dem die Menschen, die in diesem belebten Geschäftsviertel unterwegs sind, sich gerne treffen. Um diese einladende Seite zu unterstreichen verzichteten sie bewusst auf die für »Ramen-ya« üblicherweise geschlossene Bauweise und öffneten den Zugang zum Restaurant mit raumhohen Glaselementen. Ein leicht auskragendes Vordach markiert den einladenden Zugang. Fast wirkt der Eingangsbereich wie ein großes Bild, durch dessen großflächige Eingangstür mit dem Schriftzug des Restaurants die Gäste ins Innere gelangen.

Dem Besucher öffnet sich ein rechteckiger Raum, der in zwei optisch deutlich voneinander getrennte Bereiche unterteilt ist. Rechts vom Eingang verläuft der Tresen, an dem Gäste auf viereckigen Holzhockern sitzend essen können. Der Blick fällt dabei auf die rund 30 Quadratmeter große, offene Küche hinter dem Tresen. An der Stirnseite des Raums steht ein geräumiger Tisch für eine größere Gruppe von Gästen bereit. Dahinter führt eine einläufige Treppe in den ersten Stock. Auf der linken Seite des Eingangs befinden sich sechs

kleine auf drei Seiten geschlossene Häuschen, die von Spitzdächern mit unterschiedlichen Neigungswinkeln gekrönt sind. Sie beherbergen den Empfangs- und Kassentresen sowie fünf etwas intimere Sitzbereiche. Diese Sitzecken, deren Mobiliar ganz aus Holz besteht, werden von je drei schwarzen Pendelleuchten illuminiert. Im oberen Geschoss, das etwa nur ein drittel des insgesamt 120 Quadratmeter großen Shyo Ryu Ken einnimmt, können weitere Besucher an vier Tischen Platz nehmen.

Als Inspiration für die Innenraumgestaltung des Shyo Ryu Ken dienten dem Architekten Ietsugu Ohara die spitzgiebeligen, auskragenden Dachgauben, wie sie beispielsweise am Annaka Nagaya Samurai Haus zu sehen sind. Das langgestreckte Gebäude, errichtet in der späten Edo-Periode (1603–1868), wurde von mehreren Samurai-Familien bewohnt. Die Familien verfügten über eigene Küchen und Wohnbereiche, teilten sich aber die Toilettenanlage. Die Häuschen im Restaurant Shyo Ryu Ken mit ihren spitzen Dächern und den

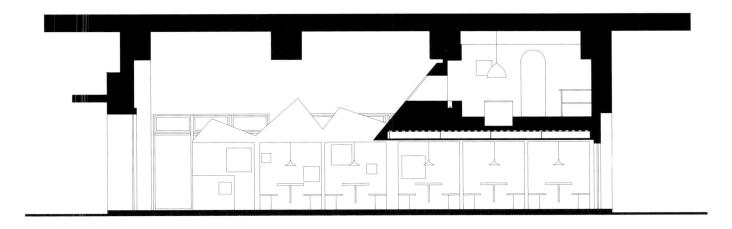

Schnitt aa
Maßstab 1:100

separaten Essbereichen nehmen dieses Prinzip der Reihung einzelner Zonen unter einem Dach auf. Auch der hölzernen Tresen im Shyo Ryu Ken wird von einem halbseitig in den Raum ragenden Spitzdach beschirmt und aus diesem heraus wirkungsvoll beleuchtet.

Ohara beschreibt seinen Entwurf als einen, der traditionelle und nachhaltige japanische Materialien einsetzt, darunter gehärtetes Glas und Stahl für die Türen und im Inneren Holz und Gips. Mit seinem Entwurf möchte er die alten Traditionen aber auch hinterfragen und im Einerlei der Umgebung frischen Wind wehen lassen. Mit Kunstgriffen, wie etwa den unterschiedlichen Neigungswinkeln der Dächer, ist ihm das gelungen.

[1] Vgl. hierzu: Coulmas, Florian: Die Kultur Japans. Tradition und Moderne. München 2003, S. 22

[2] Vgl. hierzu: Gödert, Dorothee; Bruckmann, Claudia: Das Teubner Handbuch Asiatisch. Zutaten – Küchenpraxis – Rezepte. München 2014, S. 58

PROJEKTE IN EUROPA

NOZOMI

SUSHI BAR | VALENCIA (E)

Design: Masquespacio, www. masquespacio.com | **Team:** Ana Milena Hernández Palacios, Nuria Martínez, Virgínia Hinarejos, Jairo Pérez, Ana Diaz; Helix (Bauausführung)

Materialien: Papier, Holz | **Fertigstellung:** 2014

Kontakt: Pedro Terceroel Grande 11, 46005 Valencia (E), www.nozomisushibar.com | **Inhaber:** Nuria Morell, José Miguel Herrera

Der Nozomi ist der schnellste japanische Hochgeschwindigkeitszug, auch Shinkansen genannt. Mit diesem Zug, der eine Spitzengeschwindigkeit von rund 300 Kilometer in der Stunde erreicht, dauert eine Fahrt von Tokio nach Osaka nur zwei Stunden und 25 Minuten. Doch das Wort »Nozomi« hat auch eine andere, ursprüngliche Bedeutung: wörtlich übersetzen lässt es sich mit »Hoffnung« oder »(Wunsch-)Traum«.
Für die Eigentümer der Nozomi Sushi Bar in Valencia, spielt diese Dualität des Wortes Nozomi, das einerseits für Moderne steht, wie sie durch den Hochgeschwindigkeitszug repräsentiert wird, und andererseits

für Emotion bzw. Tradition, wofür die Worte Hoffnung und Traum stehen, eine große Rolle. Und so wählten sie bewusst diesen Namen für ihr Restaurant.
Bereits am Eingang zur Nozomi Sushi Bar, die im Viertel Russafa nahe des Nordbahnhofs liegt, findet diese Dualität eine Entsprechung im Logo des Restaurants: einerseits verkörpert die europäische Typografie die Moderne und andererseits die daneben befindlichen japanischen Schriftzeichen die Tradition. Ebenso steht die Wahl der Materialien für diese Dualität: Der kühle Sichtbeton der Fassade steht im Gegensatz zu dem warmtonigen Holz, das den Zugang markiert. Holz

und Sichtbeton sind auch im Inneren die prägenden Materialien.
Nach dem Betreten findet sich der Besucher vor einem zentralen Holzkubus, der den Raum in zwei Korridore teilt und gleichzeitig die sanitären Einrichtungen sowie das Lager verbirgt.
Für die Besucher des Restaurants, das vom spanischen Büro Masquespacio gestaltet wurde, soll der Eindruck einer typischen japanischen Straße entstehen, samt kleiner Details am Rande, die zum Beispiel an Marktstände oder Apotheken erinnern. Verstärkt wird diese Wirkung durch das aufgesetzte Dach aus Holzlamel-

len. Sogar eine Bar mit kleiner Theke verbirgt sich hinter dem Kubus. Diese flexible Raumnutzung ist typisch für die japanische Architektur, wo Schiebewände, die entweder als Rahmen mit lichtdurchlässigem Papier (shoji) oder in massivem Holz (fusuma) konstruiert sind, eine einfache Neuorganisation des Raums ermöglichen. Der eingestellte Kubus und auch die anderen Einbauten in der Nozomi Sushi Bar erinnern daran. Nach dem Passieren der japanischen Marktstraße fin-

det sich der Besucher im Lounge-Bereich wieder, wo das Essen angeboten wird. Hier haben die Designer von Masquespacio die gesamte Decke mit aus Papier gefalteten Kirschblüten behängt. Die Kirschblüte ist seit jeher in der japanischen Kultur ein wichtiges Symbol. Sie steht für Schönheit, Aufbruch und Vergänglichkeit. Die Blütezeit beginnt Mitte bis Ende März zunächst auf Kyushu, der südlichsten Insel Japans. Sie wandert dann nach Nordosten, bis sie etwa Anfang

Mai auf Hokkaido, der nördlichsten Insel ankommt und dann das ganze Land in ein Meer aus rosa und weißen Kirschblüten taucht.

Doch nicht nur diese assoziationsträchtige Deckeninstallation macht die Nozomi Sushi Bar zu etwas besonderem. Für alle, die sich etwas mehr Privatsphäre wünschen, bietet ein erhöhter, über eine Treppe erreichbarer Sitzbereich eine Alternative. Hier schaffen Schiebe- und Faltwände aus Holz, die je nach Bedarf

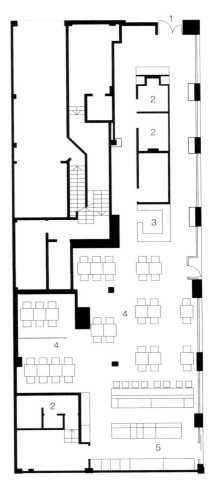

Grundriss
Maßstab 1:200

1	Eingang	4	Gastraum
2	Toiletten	5	offene Küche
3	Theke		

stufenlos geöffnet oder komplett geschlossen werden können, eine Atmosphäre maximaler Zurückgezogenheit. Dennoch erlaubt die Lamellenstruktur der Schiebe- und Faltelemente Ausblicke in den unten liegenden Restaurant-Bereich.

Auch die Gestaltung der Speisekarten und Geschäftspapiere, ebenfalls von Masquespacio entworfen, ist einen zweiten Blick wert: Koi-Karpfen und Kirschblüten auf blauem Hintergrund sind hier zu sehen – eine weitere Reminiszenz an die Kultur Japans. Der Mythologie nach verwandelt sich ein Karpfen (= Koi) in einen Drachen, wenn er es schafft, den Huang Ho, den gelben Fluß, und dessen Wasserfälle hinauf zum Drachentor zu schwimmen. Er ist der einzige unter allen Fischen, dem dieser Kraftakt überhaupt gelingen kann. Aus diesem Grund gilt der Koi in Japan als Zeichen von Zielstrebigkeit, Ausdauer und Glück.

TUK TUK RESTAURANT

RESTAURANT | EDINBURGH (GB)

Design: Four by two, Edinburgh

Materialien: Holz, Wellblech

Kontakt: 1 Leven Street, Edinburgh EH3 9LH (GB), www.tuktukonline.com

Mit einem Tuk Tuk, der motorisierten Variante der aus Japan stammenden Rikscha, hat das Tuk Tuk Restaurant in der schottischen Hauptstadt Edinburgh wenig gemeinsam – höchstens den Umgang mit leuchtenden Farben, die sowohl bei den in Asien verbreiteten Gefährten als auch bei der Gestaltung des Restaurants zum Einsatz kommen.

Das Tuk Tuk Restaurant, das sich auf die Küche indischer Straßenimbisse spezialisiert hat, liegt an der Ecke Gilmore Place/Leven Street.

Der Gast betritt den Innenraum des Restaurants durch eine leuchtend orange gestrichene Tür, so leuchtend wie die Buchstaben, die jeweils in den drei zur Straße hin ausgerichteten Fenstern hängen und den Namen des Restaurants verkünden. Der Innenraum ist geprägt von den Farben Braun und Grau. Ein Fußboden aus Holzdielen in unterschiedlichen Farbschattierungen, der Tresen, die langen Tischplatten, die auf Metallgestängen ruhen und partielle Decken- und Wandverkleidungen aus Holz bilden einen warmen Kontrast zu

den kühlen, mattgrau gestrichenen Wänden. Farbliche Akzente setzen die Stühle, viele von ihnen ebenfalls in kräftigem Orange, und die türkisfarbenen Bezüge der Sitzbänke. Industriell anmutende Pendelleuchten in unterschiedlichen Ausführungen – manche davon mit schwarzen Lampenschirmen, einige mit Schirmen aus Drahtkörben oder perforierten Eimern – beleuchten die Sitzplätze. Für einen weiteren Farbakzent sorgen die bunten, fragil wirkenden unter der Decke gespannten Seile.

Lehre beeinflusst. Nach dieser wird Schwarz dem Wasser zugeordnet, dem Grundelement zur Teezubereitung, den darin enthaltenen Mineralien dagegen die Farbe Weiß. Alle Farben bewegen sich zwischen diesen beiden Polen und bilden einen ruhigen und abstrakten Hintergrund, vor dem die zarten natürlichen Farben der ausgestellten Teeblätter aber auch die farbigen Glasuren der Accessoires eine starke Wirkung entfalten

können. Der Erfolg des Stammgeschäfts gibt Jens de Gruyter recht und so eröffnete er im Herbst 2014 auch einen zweiten Paper & Tea Laden.

Die neue Filiale befindet sich in Berlin-Mitte. Bei der Gestaltung dieses Ladens versuchte der Planer Fabian von Ferrari die Dynamik, die dieser Stadtteil ausstrahlt, aufzugreifen und zurückzuspiegeln.

Das raumbestimmende Hauptelement ist die sieben Meter lange sogenannte Wall of Tea. Ein Regal, in dem das Teeangebot bibliothekarisch nach Oxidationsstufen, von weißen Tees über grüne und gelbe, Oolongs, schwarze bis hin zu Pu Erh Tee, übersichtlich präsentiert wird. Ein eigenes Regal ist dem erweiterten Angebot an »Herbals«, also Kräutern und Kräutermischungen, gewidmet.

Und auch hier bestimmen, wie schon in Charlottenburg, die Farben Schwarz und Weiß in verschiedenen Schattierungen, die Gestaltung der Oberflächen. Den glatt gespachtelten weißen Wänden stehen Flächen mit grün-grauem Putz aus Sand, Ton und pflanzlicher Stärke gegenüber. Der vorgefunden Eichenholzboden wurde geschliffen und mit einem hellen Grauton gestrichen, der direkt in Beziehung tritt mit der Sichtbetondecke. Dort befinden sich sichtbar die Leitungen für Technik und Beleuchtung, was dem Raum trotz seiner Aufgeräumtheit auch etwas Charmant-Improvisiertes verleiht.

Die Regale im Paper & Tea Laden Mitte sind mithilfe einer Unterkonstruktion aus Stahlprofilen, in der auch die Kabelführung für die LED-Beleuchtung integriert ist, an der Wand befestigt. In die Regalböden, die mit Esche furniert sind, können diverse Schilder, Trennwände oder Tafeln aus lackiertem Blech eingehängt werden. Dadurch lassen sie sich immer wieder neu bespielen und passen sich Sortimentswechseln an. Ebenso wie die Regale bestehen auch die Korpi der Möbel aus Esche Furnier und sind mit weiß lackierten Blechen beplankt.

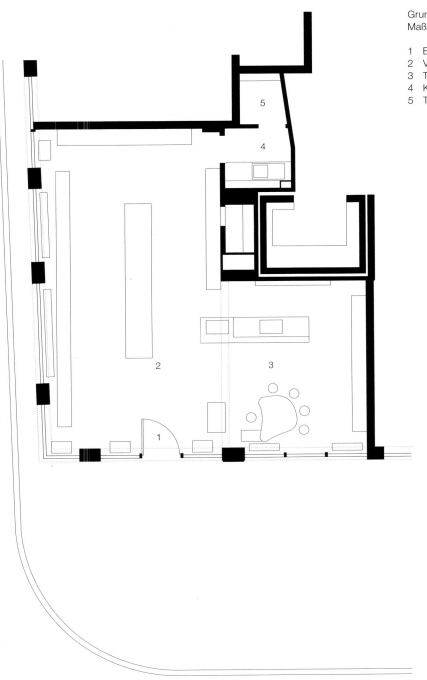

Grundriss
Maßstab 1:100

1 Eingang
2 Verkaufsraum
3 Tee-Station
4 Küche
5 Toiletten

Ein Highlight, sozusagen im doppelten Sinne, ist die Beleuchtung. Schriftzüge aus Neonröhren inszenieren die einzelnen Warengruppen, die in den Regalen angeboten werden. Die Firma Alles Neon Berlin fertigte die Leuchten nach einer eigens vom Grafikbüro Sonnenstaub entwickelten Typographie. Dieses Büro ist auch für das das gesamte Verpackungsdesign bei Paper & Tea verantwortlich. Sinnlichkeit also allerorten, lediglich die »schlafenden Schönen« aus Kawabatas Roman wird man in den Paper & Tea Läden allenfalls zufällig treffen.

[1] Kawabata, Yasunari: Die schlafenden Schönen. Frankfurt am Main 2004, S. 7f.

DISHOOM KING'S CROSS

RESTAURANT | LONDON (GB)

Design: Macaulay Sinclair, macaulaysinclair.com

Materialien: Sichtmauerwerk, Stahl, Fliesen, antike Möbel aus Indien | **Fertigstellung:** 2014

Kontakt: 5 Stable Street, London N1C 4AB (GB), www.dishoom.com | **Inhaber:** Shamil Thakrar, Kavi Thakrar

Unter dem Sammelbegriff »indische Küche« finden sich zahlreiche Regionalküchen, die vom Himalaya bis zur Südspitze Indiens stark variieren. Eine ganz besondere Spielart davon ist die Küche der Parsi. Diese ursprünglich im zentralasiatischen Raum verbreitete religiöse Gruppe von Zoroastriern – Anhänger des Propheten Zarathustra – siedelte sich in Indien an. Zwar assimilierten sich die Menschen weitgehend, behielten jedoch ihre eigenen Sitten und Gebräuche bei. Im 19. Jahrhun-

dert ließen sie sich im ehemaligen Bombay, dem heutigen Mumbai nieder. Sie eröffneten zahlreiche Cafés, in denen man in großen saalartigen Räumen die verschiedenen Spezialitäten dieser Bevölkerungsgruppe ausprobieren konnte. Die Parsi-Cafés gelten bis heute als Orte der Begegnung, an denen verschiedene Kasten und Bevölkerungsschichten sich durchmischen. Während es in den 1950er-Jahren noch ungefähr 550 Parsi-Cafés in Mumbai gab, schrumpfte deren Zahl

bereits in den 1960er-Jahren auf etwa 400. Heute sind es noch 15 bis 20 und es ist unklar, wie viele davon in der nächsten Generation weitergeführt werden.
Um die Tradition dieser Cafés – wenn auch an anderem Ort – zu bewahren, eröffnete der englische Gastronom Kavi Thakrar gemeinsam mit seinem Cousin Shamil Thakrar und Naved Nasir die Dishoom-Restaurants in London. Die gestalterischen und kulinarischen Inspirationen holten sich die Gründer direkt aus Mumbai,

wo die Großeltern der Thakrars zuhause sind und wo Naved Nasir mehrere Jahre als Koch tätig war.

Nachdem 2010 das Dishoom Covent Garden eröffnete und 2012 das Dishoom Shoreditch folgte, findet man nun seit November 2014 das dritte Lokal in der Stable Street am King's Cross. Das Restaurant befindet sich in einem renovierten Viktorianischen Gebäude und bietet mit einer Fläche von rund 830 Quadratmetern Platz für bis zu 250 Gäste. Die Gasträume erstrecken sich dabei über mehrere Ebenen und sind in verschiedene Bereiche unterteilt. So gibt es beispielsweise die sogenannte Permit Bar – ein Hinweis darauf, dass man im damaligen Bombay eine Genehmigung benötigte, um alkoholische Getränke zu konsumieren. Die Gestaltung der Saftbar erinnert dagegen an die ehemaligen indischen A. H. Wheeler-Bahnhofsbuchläden. Die Wände zieren hier Wahlplakate, die an die indische Unabhängigkeitsbewegung der 1920er-Jahre erinnern. Und in der obersten Etage können die Gäste bei der Zubereitung der Gerichte in der offenen Küche zusehen.

Beim Betreten des Dishooms King's Cross fällt sofort der großzügige Innenraum auf, den die Innenarchitekten vom Büro Macaulay Sinclair umgestaltet und an den jetzigen Zweck des Gebäudes angepasst haben. Verschiedene Ebenen, stählerne Treppen und Brüstungen und das Ziegelmauerwerk, das von seinem weißen Anstrich befreit wurde, erzeugen einen indust-

und Sitzpolstern setzen die Gestalter kontrastierende farbige Akzente gegenüber dem rötlichen Ziegelmauerwerk sowie den dunklen Holzmöbeln der Bar und der Bänke im Restaurantbereich.

Die Küche ist jeden Tag von früh bis spät geöffnet. Und entgegen der anderen beiden Dishooms gibt es hier auch Nalli Nihari, ein deftiges Lammstew mit vielen Gewürzen. Es wird mit frisch gebackenem Naan gereicht, dem für die indische Küche typische Fladenbrot. Wer möchte, kann das Gericht mit Bheja, also Lammhirn, verfeinern. Der Eintopf wird traditionell über Nacht gekocht und zum Frühstück gegessen und wurde aufgrund seiner Nahrhaftigkeit von den Arbeitern besonders geschätzt.

Carl Brown, der in der Permit Bar die Drinks mixt, gewann mit seinen Cocktails für das Dishoom King's Cross vor kurzem einen Preis der Young British Foodies. Ausgezeichnet wurde eine Auswahl von Cocktails, die zuerst in Flaschen oder Fässern reifen, und dann auf Eis serviert werden. Unter ihnen ist auch der Sir Jeejeebhoy, der aus ceylonesischem, im Fass gereiftem Arrak besteht und mit Kokosnusswasser und Bitter Orange verlängert wird. Aber auch die Bierkarte ist imposant – und in der Saftbar werden den ganzen Tag über frisch gepresste Säfte angeboten, darunter Zuckerrohrsaft mit Limette und Salz: eine traditionelle Mischung aus Mumbai.

riellen Charme, der durch den bunt gekachelten, ornamentalen, nach indischen Vorlagen nachempfundenen Fliesenboden zusätzlich unterstrichen wird.

Die Gründer des Dishoom verbrachten viele Tage in Mumbai, um die Einrichtung für ihr neues Restaurant in King's Cross auszuwählen. Dafür besuchten sie einige der noch erhaltenen Parsi-Cafés, um deren Atmosphäre in die Gestaltung ihres Lokals einfließen

zu lassen. Sie stöberten über hundert antike Möbelstücke aus dem frühen 20. Jahrhundert auf, die sie für das Dishoom nach London importierten und entsprechend aufarbeiten ließen. Manche Einrichtungsgegenstände, wie etwa die Sitzbänke oder die große Uhr über der stählernen Treppe, sind Repliken, letztere stellt eine detailgenaue Kopie der Bahnhofsuhr im Hauptbahnhof von Mumbai dar. Mit türkisfarbenen Wandflächen

NAMNAM

RESTAURANT | KOPENHAGEN (DK)

Design: Holmbäck Nordentoft mit Christina Bengtsson, www.holmbacknordentoft.dk

Materialien: Fließen, Holz, Farben | **Fertigstellung:** 2012

Kontakt: Vesterbrogade 39, Kopenhagen (DK), www.restaurantnamnam.dk
Inhaber: Claus Meyer, Michael Pang, Tin Pang

Kopenhagen ist eine lebendige und das Design liebende Stadt mit internationalem Publikum. Im eher gediegenen Stadtteil Frederiksberg liegt in der Vesterbrogade hinter der unscheinbaren Fassade eines altehrwürdigen bürgerlichen Geschosswohnbaus das 2012 eröffnete Restaurant namnam. Die Grafikdesignerin Christina Meyer Bengtsson gestaltete zusammen mit dem Produktdesigner Ulrik Nordentoft, beide Absolventen der Danish Design School, die Metzgerei, die dort vorher beheimatet war, zu einem Restaurant um.

Meyer Bengtsson erzählt davon, wie wichtig es den beiden war, nicht einfach ein asiatisches Ambiente zu kopieren, sondern stattdessen westliche und östliche Einflüsse in einem neuen Konzept zu verbinden: »Wenn man in Singapur Take-away-Lokale besucht, sind sie meistens mit Plastikmöbeln in bunten Farben eingerichtet. Auf Dekoration wird meist ganz verzichtet. Wir wollten das unangestrengte Moment in die Gestaltung integrieren, aber die Atmosphäre der Lokale Singapurs auch modern interpretieren.«

Um sich auf ihre Aufgabe vorzubereiten, durchkämmten die beiden eine Woche lang Singapur. Sie stöberten auf Flohmärkten, in Secondhand-, Antiquitäten- und Küchenläden. Ihre inspirierende »Beute« verschifften sie anschließend mit einem Container nach Dänemark: Chinesische Gipsfigürchen, alte Reiskocher, riesige Fächer aus Metall, getrocknete Bohnen in schönen Beuteln und alle möglichen Arten von Verpackungsmaterial landeten in Kopenhagen.

Schon von der Straße aus erkennt der Besucher, wie stark Farben bei der Gestaltung des Restaurants eine Rolle spielen. Es sind vor allem leuchtendes Rot, poppiges Pink und strahlendes Orange, die durch die Schaufenster der ehemaligen Metzgerei nach draußen

dringen. Die Farben kontrastieren zu dem eher funktional wirkenden grau-weiß gefliesten Boden des Ladens, der bereits vorhanden war und für dessen Erhalt sich Christina Meyer Bengtsson stark gemacht hat.

An der Längsseite befindet sich ein großes Holzregal, das aus patiniertem Holz von der dänischen Insel Bornholm besteht. Die Idee für dieses Regal hatte Christina Meyer Bengtsson in einer Bar in Phuket, wo entlang einer der Wände ebenfalls ein großes Holzregal lag, in das alle möglichen Gegenstände einsortiert waren. Auch im namnam dient das Holzregal, dessen Sockel leuchtend rot gestrichen ist, der Aufbewahrung des bunten Sammelsuriums aus Singapur. Die gegenüberliegende Wand ist oberhalb des Sockelbereichs ebenfalls mit patiniertem Holz verkleidet und versammelt auf kleinen, auskragenden Brettchen weitere asiatische Kuriositäten, die bunte Farbtupfer setzen.

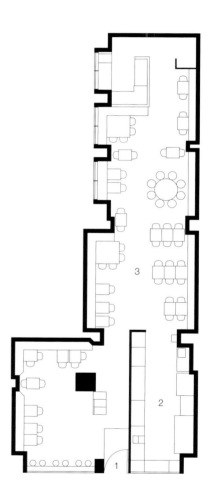

Grundriss
Maßstab 1:200

1 Eingang
2 Küche
3 Gastraum

Neben den dominierenden Farben Rot, Orange und Pink setzten die Gestalter Akzente in den Farben Türkis, Schwarz und Weiß. Die eckigen und runden Tische mit mittigem Standfuß und den laminierten MDF-Platten entwarf Ulrik Nordentoft selbst, die Stühle in Zusammenarbeit mit Sebastian Holmbäck. Als namnam Chair sind die in mehreren Farben erhältlichen Stühle mit einem Gestell aus Metall und einer Sitzschale aus Schichtholz inzwischen bis nach Mailand zur Möbelmesse gereist. Die namnam Chairs bilden zusammen mit einigen ausgedienten Schulstühlen und Arne Jacobsens T-Chairs das Interior des Restaurants. Christina Mayer Bengtsson erklärt: »Das Restaurant sollte lebendig und auf keinen Fall uniform wirken. Wir haben am Anfang die Tische mit den rund neunzig Sitzplätzen ganz regelmäßig positioniert und stellen fest, dass es aussah wie in einer Caféteria. Der Trick war, die Abfolge der eckigen Tische durch einen runden zu unterbrechen.«

Die Karte des namnam, das von Michael und Tin Pang-Larsen betrieben wird, die lange das beliebte Restaurant Nams Kusine in Dragør führten, listet Gerichte aus Singapur und der Küche der Peranakan auf. Die Peranakan, auch als Nyonya bekannt, sind eine Volksgruppe, die sich durch die Verbindung malaiischer Frauen mit chinesischen Männern herausbildete. In der Küche der Peranakan vermischen sich traditionelle chinesische Produktions- und Kochmethoden mit Gewürzen und anderen Zutaten aus Singapur, Indonesien und Malaysia. Zu den typischen Bestandteilen dieser Küche gehören unter anderem Kokosmilch, Kaffirlimonenblätter, Laksablätter, Tofu, Galgant, Chili, Turmeric (Gelbwurz) und Tamarinde, außerdem auch sehr aromatische Gewürz- und Kräuterpasten, sogenannte Sambals. Besonders stolz sind die Betreiber des namnam auf ihre eigenen Sambals. Sie werden direkt aus Singapur und Malaysia importiert, wo die Schwester von Tin Pang-Larsen sie selbst herstellt.

JUGETSUDO

TEELADEN | PARIS (F)

Design: Kengo Kuma and Associates, www.kkaa.co.jp

Materialien: Japanische Zypresse, Bambus **| Fertigstellung:** 2008

Kontakt: 95 Rue de Seine, 75006 Paris (F), www.jugetsudo.fr **| Inhaber:** Maruy Ama Nori

Über 160 Jahre sind vergangen, seitdem der Seetang-händler Maruyama Nori 1854, am Ende der Edo-Periode (1603–1868), den japanischen Teeladen Jugetsudo gegründet hat. »Jugetsudo« bedeutet so viel wie »der Platz, von dem aus man auf den Mond schaut«. In einem Haiku von Matsuo Basho gehen Mond und Tee eine Verbindung ein: »Schlaf auf dem Pferde, Halbtraum, und von ferne ein Mond. Da, der Rauch des Tees.«[1]

Wenn man den Mond mit seiner Kühle und Strenge mit Tee trinken zusammenbringen möchte, muss man nicht unbedingt Bashos Haiku lesen. Man kann es auch auf andere Weise tun: indem man das Pariser Ladengeschäft Jugetsudo besucht, das zwischen dem ehemals studentisch geprägten, heute mit vielen kleinen, exklusiven Boutiquen und Läden aufwartenden Viertel Saint-Germain-des-Prés und dem Jardin du Luxembourg an der Ecke Rue de Seine und Rue des Quatre Vents liegt.

Es ist der erste Jugetsudo-Laden außerhalb Japans, der neben erlesenen Teespezialitäten auch noch See-tang, sogenannte Noriblätter verkauft, die unter anderem beim Rollen von Sushi verwendet werden. Von der Straße aus betrachtet, sieht der bereits seit 2008 bestehende Laden beinahe unspektakulär aus. Doch der flüchtige erste Blick täuscht. Schaut man genauer durch die bodentiefen Fenster- und Türöffnungen, entdeckt man die reduzierte Klarheit des rechteckigen Verkaufsraums im Innern, die durch höchste handwerkliche Präzision in der Ausführung des Interieurs unterstrichen wird.

Die Gestaltung des japanischen Teeladens oblag Kengo Kuma, der auch für die Gestaltung des Sako no hana Restaurants in London verantwortlich ist. Über seinen Entwurf für das Pariser Jugetsudo sagt Kuma: »Ich wollte einen Ort schaffen, der an einen Bambuswald erinnert. Dort weht ein anderer Wind und das Licht dort unterscheidet sich von dem Licht, das wir sonst gewöhnt sind.«

Um die Anmutung eines solchen Walds zu erzeugen, ließ Kengo Kuma an der Decke des Ladens in regelmäßiger Abfolge unterschiedlich lange Bambusstangen anbringen. Auch die beiden Rückwände des Ladengeschäfts sind damit verkleidet.

Dem dichten Wald aus Bambusstangen steht eine reduzierte Möblierung gegenüber. Es gibt lediglich ein freistehendes, langes, tresenartiges Möbel, das zum Verkauf dient, an den man sich aber auch wie an einer Bar auf einen der fünf Stühle setzen kann. Die Platte dieses Tresens besteht aus dem Holz

Bodenfläche unterhalb der Regale ist mit großen weißen Kieselsteinen bedeckt, was als eine Reminiszenz an japanische Gartenarchitekturen gelesen werden kann.

An der Stirnseite des Raums führt ein Treppenabgang hinunter in ein Kellergewölbe. Durch die unverputzten Wände und die reduzierte künstliche Beleuchtung herrscht hier eine ursprüngliche, meditative Stimmung. In diesem Raum, in dessen linker Ecke einige Bambusstangen das Motiv des Walds aus dem Verkaufsraum im Erdgeschoss zitieren, werden regelmäßig japanische Teezeremonien abgehalten.

Man kann sich gut vorstellen, dass gerade in dieser ruhigen Atmosphäre eine Teezeremonie so zelebriert wird, wie der große Teemeisters Sen no Rikyu es sich ursprünglich vorstellte. Er war es nämlich, der im 16. Jahrhundert unter der Schutzherrschaft des Taiko Hideyoshi die Teezeremonie in ihrer wesentlichen Form entwickelte und auch als erster einen selbstständigen Teeraum erschuf.[2]

japanischer Zypressen. In Japan, so Kengo Kuma, schreibt man diesem Baum besondere Fähigkeiten zu, da er schon im Gründungsmythos des Lands eine besondere Rolle spielte. Für den Architekten schafft die Zypresse aber auch eine Verbindung zur Natur. In den Tresen ist ein Becken eingelassen, das den für die Teezeremonie notwendigen rituellen Kessel aufnimmt. Verschiedene japanische Tees können hier

in Kombination mit einer Auswahl von japanischen Süßigkeiten probiert werden.

Hinter dem Tresen befindet sich ein dunkles Stahlregal, auf dessen indirekt beleuchteten Böden ein Teil der Ware präsentiert wird. Weitere Flächen zur Präsentation der Waren sind entlang der beiden Fensterfronten angeordnet. Zwischen dünnen Stahlseilen befestigt scheinen sie fast im Raum zu schweben. Die

[1] Bouvier, Nicolas: Japanische Chronik. Basel 2002, S. 7

[2] Okakura, Kakuzo: Das Buch vom Tee. Frankfurt am Main/ Leipzig 1998, S. 55

MADE IN CHINA

RESTAURANT | GÖTEBORG (S)

Design: MAIN OFFICE, www.mainoffice.eu

Material: Eiche massiv klar lackiert, Stahl mit schwarzer Pulverbeschichtung | **Fertigstellung:** 2014

Kontakt: Tredje Långgatan 9, 413 03 Göteborg (S), www.madeinchina.nu | **Inhaber:** Avenyfamiljen

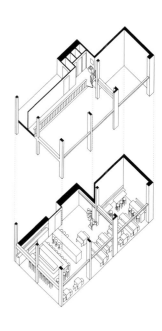

Göteborgs Straßenzüge sehen alles andere als chinesisch aus: Zwei- bis dreistöckige Häuser, viele von ihnen mit Fassaden aus rotem Klinker, erweisen in ihrer geschlossenen Blockrandbebauung eher der abendländischen Bautradition Reverenz. Das Gebäude in der Tredje Långgatan 9, in dem seit der Fertigstellung im Oktober 2014 das Restaurant Made in China seine Pforten für Freunde der chinesischen Küche geöffnet hat, diente früher als Lagerhaus. Das Büro Robach Arkitektur übernahm die Umplanung und Sanierung des Bestandsgebäudes. Es entstanden auf dem insgesamt rund 4000 Quadratmeter umfassenden Areal neue Restaurants, Ateliers und Büroräume.

Die Architektin Isabella Eriksson von MAIN OFFICE war für die Innenraumgestaltung des Restaurants verantwortlich. Im Gegensatz zu den unzähligen mit möglichst viel Staffage auf »Chinesisch« getrimmten Lokalen setzte sie stattdessen ganz auf die industriell geprägte Atmosphäre des Bestandsgebäudes und unterstrich mit den ausgewählten Materialien diesen rauen und puristischen Charakter. Um das großzügige Raumgefühl in der ehemaligen Lagerhalle noch zu verstärken, wurde eine Wand abgebrochen, die ehemals die Anlieferzone vom restlichen Lager trennte. Die Wände sind verputzt und in einem dunklen Grauton gestrichen. An der Stirnseite des Restaurants hängt ein Gemälde, das in seiner Gestaltung an alte Bilder aus der Zeit der chinesischen Kulturrevolution erinnert. Es zeigt jedoch kein chinesisches Motiv, sondern die Werft und die Arbeiter der Stadt Göteborg. Das großformatige Bild ist schon von der Straße aus durch die großzügigen, raumhohen Fenster der in dunklem Außenputz gestalteten Fassade zu sehen

und erregt so die Aufmerksamkeit der Passanten. Im Inneren lädt die Einrichtung des Made in China zum Verweilen ein: lange Tische mit Sitzbänken und Hockern und eine U-förmige Bar mit Durchblick zur Küche, in der das Essen zubereitet wird. An einem runden Tisch unter einer großen Lampe kann im Made in China auch eine größere Gruppe zum Essen zusammenkommen.

Sämtliche Möbel sind aus massiver heller Eiche gefertigt, was einen Gegensatz zu den dunklen, rauen Wänden schafft. Die Füße der Hocker sowie der Tresen bestehen aus schwarz lackiertem Stahl. Ein schönes Detail ist auch die stählerne Wendeltreppe, die aus dem Erdgeschoss ins Mezzaningeschoss führt, wo die Sanitärbereiche untergebracht sind.

Eine Spezialität des Restaurants sind die Dim Sum, kleine Gerichte, die ursprünglich aus der kantonesischen Küche Chinas stammen. Sie werden in Bambuskörbchen zum Dämpfen aufeinander gestapelt und anschließend direkt darin serviert. In jedem Körbchen befindet sich ein ebenfalls aus Bambus bestehendes Gitter, worauf die Speisen angerichtet sind. Den Großteil der Dim Sum machen gefüllte Teigtaschen aus. Die Füllungen bestehen meist aus allen denkbaren Sorten von Fleisch, Meerestieren und -früchten, aber auch aus Ei und Süßem. Dazu isst man Sojasoße oder andere würzige Soßen. Wörtlich übersetzt heißt Dim Sum in etwa »das Herz berühren«. Im Made in China wird aber aufgrund der ausgeklügelten Gestaltung sicherlich auch das Auge berührt.

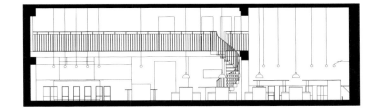

Schnitt aa
Maßstab 1:200

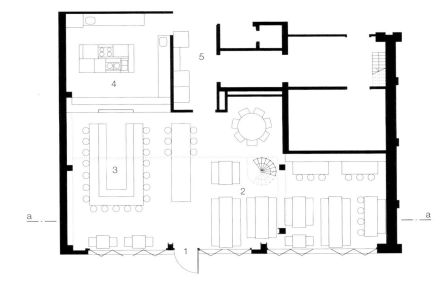

Grundriss
Erdgeschoss
Maßstab 1:200

1 Eingang
2 Gastraum
3 Bar
4 offene Küche
5 Personalbereich

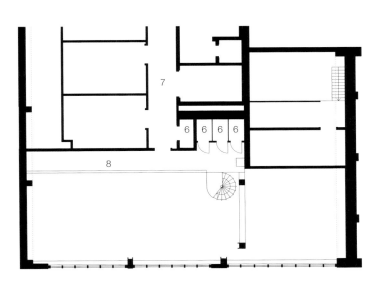

Grundriss
Erstes Obergeschoss
Maßstab 1:200

6 Toiletten
7 Lager

PAKTA

RESTAURANT | BARCELONA (E)

Design: El Equipo Creativo, www.elequipocreativo.com | **Team:** Oliver Franz Schmidt, Natali Canas del Pozo, Lucas Echeveste Lacy, Cristina Huguet, Mireia Gallego

Materialien: Kiefernholz (Stühle, Sake- und Pisco-Bar); Kastanienholz, farbige Paneele (Fassade); Amerikanische Eiche (Tische); farbiges Baumwollgewebe (Webstühle); Eichenparkett | **Fertigstellung:** 2013

Kontakt: Calle Lleida 5, Barcelona (E), www.ca.pakta.es | **Inhaber:** Albert Adrià, Ferran Adrià, Juan Carlos Iglesias, Borja Iglesias, Pedro Iglesias (grupo BCN 5.0)

Ein Restaurant mit peruanisch-japanischer Küche? Davon haben wohl nur wenige bisher gehört. Tokio und Lima, die Hauptstädte beider Länder, sind durch den Pazifik und viele Flugstunden voneinander getrennt – und somit auch ihre Küchen. In Barcelona kann man erleben, was es mit der japanisch-peruanischen Hybridküche auf sich hat.

Ferran Adrià, weltbekannt durch seine Molekularküche und bis 2011 Chef des vielgerühmten »El Bulli«, widmet sich nun gemeinsam mit seinem Bruder Albert im 2013 eröffneten Pakta Restaurant diesem neuen Hybrid-Trend. Auf den ersten Blick streng voneinander getrennte Landesküchen sollen in den Töpfen und Pfannen zusammenkommen. Dieses Aufeinandertref-

fen drückt sich schon im Namen aus, denn »Pakta« ist ein Wort aus der Sprache der Quechua und bedeutet soviel wie »zusammen«.

Das Gestaltungskonzept für das Pakta stammt vom Büro El Equipo Creativo, das schon mehrere Restaurants für die Brüder Adrià gestaltet hat. Als Ort für das Restaurant dient ein kleines Lokal in Barcelona nahe der Avenida del Parallel. Der eingeschnittene Eingang wirkt mit seiner hölzernen Verkleidung und der teilweise verglasten Tür eher unspektakulär. Betritt man das Restaurant, so eröffnet sich jedoch ein Raum, in dem der Ansatz der beiden Architekten Oliver Franz Schmidt und Natali Canas del Pozo von El Equipo

Creativo deutlich wird: Sie wollten basierend auf den Prinzipien der japanischen Küche eine visuelle Verbindung zu denen der peruanischen schaffen. Auf dieser Basis haben sie die grundlegenden Bestandteile wie Bar, Küche und Möbel mit einer Reverenz an die Architektur japanischer Restaurants entworfen. Die daraus entstandenen klaren Formen werden regelrecht eingehüllt von peruanischen Farben. Ein Gewebe aus bunten Garnen, die in webstuhlartige Holzrahmen eingespannt sind, verkleidet Wände und Decke des Restaurants wie eine zweite Haut. Teilweise sind mehrere Holzrahmen in verschiedenen Neigungswinkeln übereinander angebracht, was der Verkleidung einen dreidimensionalen Charakter verleiht. Die Farbigkeit

der Fäden erinnert an die von peruanischen Ponchos oder Hängematten und gibt der Atmosphäre des Restaurants etwas Fröhliches und Lebendiges.

Da der Gastraum sehr lang und schmal ist, entwickelten die Architekten ein klares Raumkonzept, welches das Restaurant in drei Zonen unterteilt. Die Sake- und Pisco-Bar im Eingangsbereich dient als Filter zwischen Außen- und Innenraum. Sie besteht aus einer Holz-Rahmenkonstruktion, die zugleich als Empfangstresen, Schaufensterauslage und als visuelle Trennung fungiert. Direkt an diesen Bereich schließt das eigentliche Restaurant an. Die seitlich platzierte Sushi-Theke unterscheidet sich in ihrer Materialität von der Sake- und Pisco-Bar. Denn sie besteht aus drei mit Marmor

verkleideten Blöcken, auf denen die Sushi-Meister ihre Arbeit verrichten und dabei in direktem Kontakt zu den Gästen stehen.

Am Ende des Raums befindet sich die Küchenbox. Abgetrennt durch opake und transparente Glasscheiben ermöglicht sie trotzdem Blickkontakte zwischen Gästen und Köchen. Das Konzept, das Restaurant in drei Zonen zu unterteilen, hilft dabei, den begrenzten Raum des Lokals zu strukturieren und fließende Übergänge zu schaffen.

Auch das Lichtkonzept folgt einem ausgeklügelten Plan. Die Gestalter, El Equipo Creativo in Zusammenarbeit mit BMLD Lighting Design, wollten die Gerichte

möglichst einfallsreich und effektvoll in Szene setzen und zugleich die peruanisch-japanische Hybridküche in den Vordergrund rücken. Sie kombinierten dafür die Gegensätze hell und dunkel sowie opak und transparent. Die meist indirekte Beleuchtung bleibt dabei hinter den Webrahmen verborgen. Nur über den Tischen hängen direkt strahlende schlichte Leuchten.
Die Webstuhl-Konstruktionen sind mit Sicherheit das

gestalterische Highlight im Pakta. Die Art und Weise, wie sie zueinander im Verhältnis stehen, erzeugt eine Atmosphäre von Geborgenheit und Lebendigkeit. Die Rahmen sind mal dichter, mal lockerer mit Baumwollfäden bespannt, das Farbspektrum variiert zwischen warmen und kühlen Tönen.

Bei der Wahl von Materialien und Oberflächen legte man großen Wert auf Natürlichkeit: Die Stäbe der Rahmenkonstruktionen und die Tische bestehen aus Amerikanischer Eiche, die durch ihre kleinen Unregelmäßigkeiten und Astlöcher eine lebendige Anmutung mit sich bringt. Die helle Marmoroberfläche der Sushi-Bar ist unpoliert und fein gemasert.

In der sorgfältig komponierten Atmosphäre des Pakta können Besucher das erlesene und delikate Speiseangebot in Ruhe genießen. Die einzelnen Gänge der verschiedenen ungewöhnlichen Menüabfolgen sind abwechselnd peruanisch, dann wieder eher japanisch inspiriert.

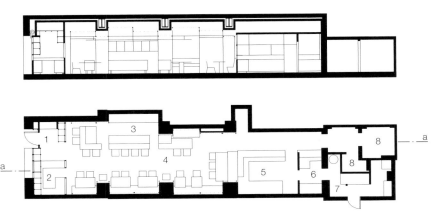

Grundriss • Schnitt aa
Maßstab 1:250

1 Eingangsbereich
2 Bar
3 Sushi-Theke
4 Gastraum
5 Küche
6 Spülküche
7 Lager
8 Toiletten

MATSURI BOETIE

RESTAURANT | PARIS (F)

Design: Moreau Kusunoki Architectes, www.moreaukusunoki.com | **Team:** Nicolas Moreau, Leonor Munch

Materialien: Holz, Aluminium | **Fertigstellung:** 2012

Kontakt: 103 Rue de la Boétie, 75008, Paris (F), www.matsuri.fr | **Inhaber:** Matsuri SAS

»Ich habe die japanische Küche sofort gemocht«[1], erzählt der Ethnologe und Anthropologe Claude Lévi-Strauss in einem Interview. Lévi-Strauss, der Japan erst im Alter von 69 Jahren, dann aber zwischen 1977 und 1988 fünfmal bereist hat, schwärmt von der japanischen »Art, die Geschmacksrichtungen in all ihrer Schlichtheit im Reinzustand zu belassen, es dem Speisenden zu überlassen, das Spektrum der Geschmacksrichtungen selbst zu organisieren.«[2]

Besonders gut lässt sich diese Organisation des Spektrums der Geschmacksrichtungen selbst ausprobieren, wenn man Sushi isst. Die gefüllten Reisröllchen, die häufig in Seetang gewickelt sind, gibt es in vielen unterschiedlichen Formen. Zu den populärsten gehören Maki-Sushi, die gerollt werden und Nigiri-Sushi, bei denen der Reis mit der Hand zu kleinen Häppchen geformt und mit Fisch belegt wird. Sie werden mit Gari, eingelegtem Ingwer, mit Wasabi,

scharfer Meerrettichpaste, Misosuppe und Sojasoße serviert.

Bevor man Sushi isst, tunkt man es kurz in die Sojasoße. Nach dem Verzehr isst man ein kleines Stück Ingwer oder trinkt einen Schluck Miso-Suppe oder grünen Tee, um den Gaumen für den nächsten Geschmack zu reinigen und zu klären.

Etwas von der Reinheit und Klarheit, die in der japanischen Küche so bedeutsam ist, findet sich wieder

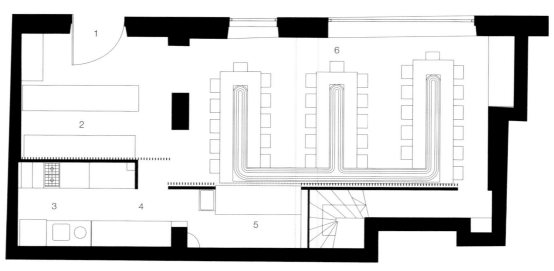

Grundriss
Maßstab 1:100

1 Eingang
2 Kassenbereich
3 Spülküche
4 Büro
5 Küche
6 Gastraum

in der Gestaltung des im Jahr 2012 fertiggestellten Matsuri Boetie in Paris, nahe den Champs-Élysées. Untergebracht ist das Sushi-Restaurant in einem typischen Pariser Prachtbau. Sieht man von der Straße aus auf das Restaurant, fällt der Blick durch das große Schaufenster, das fast wie ein Bilderrahmen wirkt, auf das hölzerne Interieur des Restaurants. Rechts davon befindet sich der Eingang.

Wer das Restaurant betritt, erkennt nun den Kontext, den der Bildauschnitt durch das Fenster schon angedeutet hat: Helle dünne Lamellen aus Holz verkleiden

die Längswand und die Decke des Matsuri Boetie. In regelmäßigem Abstand auf schwarzem Grund befestigt, verleihen sie dem Restaurant eine meditative Atmosphäre. Auch hinter dem Kassenbereich, der gleich am Eingang liegt, ist die Wand mit diesen Holzlamellen verkleidet. Links von der Kassentheke gelangt der Gast in den eigentlichen Restaurantbereich, der dominiert wird von einem langen Sushi-Laufband, das in seiner Grundform an einen Kamm mit drei Zinken erinnert. Entlang der »Kammzinken« sind die Tische und Sitzplätze für die Besucher des Matsuri angeordnet. Die

Stühle mit ihren niedrigen Rückenlehnen bestehen aus einzelnen hellen Lamellen, die – wie klassische Bugholzstühle – unter starkem Druck in eine anatomisch angenehme Form gebracht wurden.

Wer erst einmal Platz genommen hat, kann dann durch einen Ausschnitt in der Rückwand einen Blick in die Küche werfen, wo die Sushi-Meister konzentriert ihr Werk verrichten.

Auch die Beleuchtung des Matsuri Boetie nimmt das serielle Moment der Wand- und Deckenverkleidung wieder auf. Zylindrische weiße Leuchten hängen in re-

gelmäßigem Abstand von der Decke und tauchen, in Verbindung mit der indirekten Beleuchtung, die unter den Tischen entlang des Laufbands angebracht sind, den Raum nach Anbruch der Dunkelheit in ein subtiles und weiches Licht. Ein Bambuswald diente den Architekten als Vorbild. Den dichten Reihen von Stämmen, dem lichten Grün der Bambusblätter und dem besonderen Licht, das innerhalb eines Bambuswalds herrscht, haben sie hier ihre abstrakte Interpretation gegenübergestellt.

Der Frage, ob der beste Weg zum Verständnis einer anderen Kultur über das Essen führt, kann man im Matsuri Boetie sicherlich in angenehmer Weise auf den Grund zu gehen versuchen.

[1] Lévi-Strauss, Claude: Die andere Seite des Mondes. Schriften über Japan. Berlin 2012, S. 148

[2] ebd.

VIET HOA

RESTAURANT, BAR | LONDON (GB)

Design: VONSUNG, www.vonsung.com | **Team:** Michiko Ito, Jing Chen, Teresa Wong, Oscar Barnes

Materialien: Douglasie, europäische Eiche, Schiefer, behandelte Spanplatte, gebürsteter Stahl, Gips, roher Stahlbeton, Aluminium | **Fertigstellung:** 2011

Kontakt: 70-72 Kingsland Road, E2 8DP London (GB), www.viethoarestaurant.co.uk | **Inhaber:** Viet Hoa

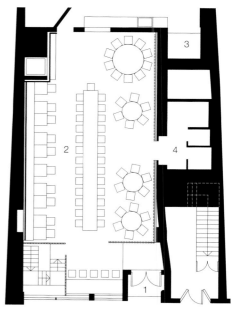

Grundriss
Erdgeschoss
Maßstab 1:200

1 Eingang
2 Gastraum
3 Kühlraum
4 Toiletten

Das vietnamesische Wort »Hoa« heißt übersetzt »Blume« – und tatsächlich »blühte« mit dem Viet Hoa Café im Jahr 1995 eines der ersten vietnamesischen Lokale in London auf. Das familiengeführte Restaurant löste damit einen Trend aus, in dessen Folge sich zahlreiche weitere vietnamesische Restaurants in der Umgebung ansiedelten. Das führte schließlich dazu, dass diese Gegend heute »Little Saigon« genannt wird. Heute besteht das Viet Hoa aus unterschiedlichen Bereichen auf drei Ebenen: einem Cafè im Erdgeschoss, einem Do-it-yourself Grillrestaurant namens »Mess« im Untergeschoss, in dem Gäste sich auf Infrarot-Grillstationen ihre Mahlzeit teilweise selbst zubereiten können, und einer Bar im ersten Obergeschoss. Im August 2009 trafen sich Joseph Sung vom Designbüro VONSUNG und der Inhaber des Viet Hoa, um die Innenraumgestaltung des Erdgeschosses und das Corporate Design des Restaurants zu überdenken. Außerdem sollten die Abläufe im Restaurant neu organisiert werden. Eine Blume im Namen bedeutet aber noch lange nicht, dass hier der architektonische oder organisatorische Wildwuchs gedeiht. Der Inhaber und Joseph Sung verständigten sich bei der Umgestaltung auf das Credo »Weniger ist mehr« und somit auf ein klares reduziertes Erscheinungsbild.

Joseph Sung befand, dass das Gebäude von sich aus eine Strahlkraft entwickelte und das Material die Wirkung des Raums betonen, nicht aber verändern solle. Als Verkleidung für Teile der Wände und Decken sowie für den Boden wählte er helle, massive europäische Eiche, die zarten Holzgeruch verströmt und eine schmeichelnde, zum Anfassen einladende Oberflächenstruktur aufweist. Der andere Teil der Decke sowie eine Wand des lang gestreckten Gastraums

sind mit Holzlamellen verkleidet, die auf schwarzem Untergrund befestigt wurden. Zwischen den Lamellen versteckt liegen Zu- und Abluftöffnungen sowie die Beleuchtung. Sogar die Tür zu den dahinterliegenden Sanitär- und Lagerräumen verschwindet hinter den Holzlamellen. Der Eingang bzw. Ausgang bleibt den Gästen, die im Inneren speisen, durch einen »Vorhang« aus Lamellen auf den ersten Blick verborgen.

Wände, Decke und Boden des Viet Hoa Cafés sind mit warmen gedeckten Erdtönen gestaltet. Im Gegensatz dazu steht das Untergeschoss, das man über eine fünf Meter lange steinerne Treppe erreicht. Die schwarzen Wände haben eine raue Oberfläche, die metallisch kühlen Möbel in strenger Linienführung unterstreichen den reduzierten Charakter des Innenraums. Im Zentrum des Restaurants »Mess« im Untergeschoss,

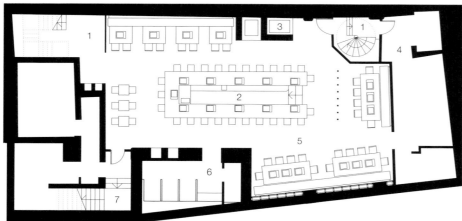

Grundriss	1	Aufgang zum Erdgeschoss	4	Lager	7	Treppe zur
Untergeschoss	2	zentrale Bar/Servicebereich	5	Gastraum		Straße
Maßstab 1:200	3	Lift	6	Toiletten		

steht ein neun Meter langer Tisch. In dessen Platte sind Gaskochstellen eingelassen, auf denen das Essen warm gehalten werden kann. Das ist in der vietnamesischen Küche besonders wichtig, denn ihre Gerichte werden in der Regel nur kurz gebraten, heiß gehalten und gegessen.

Stählerne Hocker, Stühle aus Aluminium, drei monolithische Betontische für Einzelgäste und ein aus wenigen Streben zusammengesetztes Weinregal unterstreichen die herbe, reduzierte Gestaltung. Besonders eigenwillig sind hier auch die in ihrer Grundform zylindrischen, sich nach unten verjüngenden, schwarzen Deckenstrahler, die ein wenig so aussehen, als würden sie das Licht aus der Decke tropfen lassen.

Die Bar im Obergeschoss wurde nach dem Erfolg des Cafés im Erdgeschoss eingerichtet und eröffnet. Auf 150 Quadratmetern erstreckt sich nun eine Art Tatami-Garten, denn der Boden ist mit Kunstrasen in Tatamimattengröße ausgelegt. Die Gäste sitzen auf japanischen Holzsitzschalen ohne Stuhlbeine, wer möchte, kann auch ein kleines Tischchen heranholen, das einem portablen Frühstückstablett ähnelt. Die Besucher der Bar können die exquisiten vietnamesischen Cocktails verkosten, die hier zubereitet werden und gut zu den im Café im Erdgeschoss zubereiteten Speisen passen. Eine Lichtinstallation in der Bar erweckt den Eindruck fliegender Vögel und verstärkt die gartenartige Anmutung.

Der vereinheitlichende Gestaltungswille reicht bis in die neue Corporate Identity des Viet Hoa. VONSUNG gestaltete zu diesem Zweck ein Logo aus einer Blume, die, wie erwähnt, Bestandteil des Restaurantnamens ist. Das Logo schmückt nun die Geschäftspapiere, Speisekarten, das Verpackungsmaterial und die Kleidung der Mitarbeiter des Viet Hoa.

Umso bunter fällt gegenüber der zurückgenommenen und klaren Innenraumgestaltung die Speisekarte des Restaurants aus, auf der sich zahlreiche vietnamesische, mit charakteristischen Kräutern wie Minze und Koriander gewürzte Vor- und Hauptspeisen entdecken lassen, darunter Frühlingsrollen, Nudelsuppen, Hühnchen-, Fisch- und Rindergerichte, aber auch die typische Phở, eine Rinderbrühe mit Reisnudeln, die gerne als deftige Tagesbasis in Vietnam schon am Morgen gegessen wird. Gereicht wird sie zum Beispiel mit dünnen Rindfleischscheiben als Phở Bò oder mit Hühnchenfleisch als Phở Gà. Bis heute äußern sich viele der Besucher begeistert über die Küche des Viet Hoa.

SAKE NO HANA

RESTAURANT | LONDON (GB)

Design: Kengo Kuma and Associates, www.kkaa.co.jp

Materialien: Holz (Decke, Wände); Bambus (Decke, Wände, Jalousien) **| Fertigstellung:** 2007

Kontakt: 23 St James's Street, London SW1A 1HA (GB), www.sakenohana.com
Inhaber: Sake no Hana; Goodman Hitchens

In seinem zum Klassiker gewordenen Buch »ABC der japanischen Kultur«[1] schreibt der 1850 im englischen Southsea geborene Japanologe Basil Hall Chamberlain über Sake: »Es gibt kein passendes europäisches Wort für dieses beliebte berauschende Getränk. Sowohl ›Reisbier‹ als auch ›Reisbranntwein‹, womit der Ausdruck manchmal übersetzt worden ist, geben eine falsche Vorstellung davon. Sake wird aus gegorenem Reis hergestellt und enthält 11 bis 14 Prozent Alkohol«. Chamberlains Buch erschien bereits im Jahr 1890 und stellt – heute zwar in Vielem überholt – einen Versuch dar, die japanische Geschichte und Kultur in ihrer Gänze und Vielfalt zu beschreiben.

Die Londoner Economist Buildings, vom englischen Architektenehepaar Alison und Peter Smithson in den frühen 1960er-Jahren realisiert, beherbergen neben der Wirtschaftszeitung The Economist das japanische Restaurant Sake no Hana.

Die Gebäude liegen an der St James's Street, die sich vom Piccadilly zum St James's Palace erstreckt und die von historischen Bauten des 18. Jahrhunderts geprägt ist. Für diese Umgebung entwarfen die Architekten Alison und Peter Smithson einen Komplex aus drei Gebäuden in Stahlskelettbauweise. Sie nehmen in ihrer

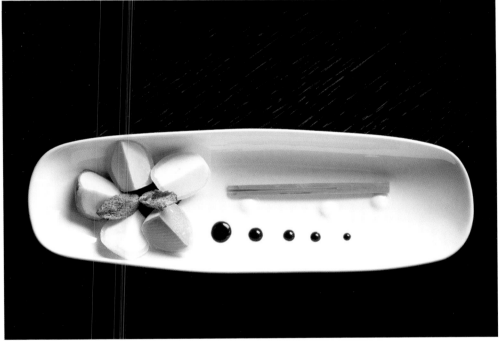

Höhenentwicklung Bezug auf die Nachbarbebauung. Direkt an der St James's Street steht ein polygonaler, viergeschossiger Bau an den, etwas von der Straße zurückgesetzt, ein 15-stöckiges Gebäude anschließt sowie im straßenabgewandten Bereich ein achtstöckiges Wohngebäude. Die Fassaden der drei Baukörper sind bestimmt von großen Glasflächen, Bänder aus hellem Travertin unterbrechen diese und harmonieren mit den historischen Bauten der Umgebung.

Der japanische Architekt Kengo Kuma, der Büros in Tokio und Paris betreibt, ist von den Qualitäten der Economist Buildings begeistert. Für ihn stellt das Ensemble eines der repräsentativsten stadtplanerischen Projekte in London dar. Es habe nichts reiß-

brettartiges sondern zeigt, so Kuma, wie Gebäude im Stadtraum harmonisch zu platzieren sind. Das Ergebnis der Smithsonschen Planung lasse durch die spezifische Anordnung der Bauteile und auch der Materialien Stein, Glas und Aluminium eine geheimnisvolle Landschaft entstehen, ein lebendig wirkendes Gebilde.

Auf der Grundlage dieser Beobachtungen gestaltete Kengo Kuma die Innenräume des bereits 2007 eröffneten Restaurants. Von der Straße aus gesehen, deutet wenig darauf hin, dass sich hier eine Sushi-Bar im Erdgeschoss und ein Restaurant mit Bar im 1. Obergeschoss befinden, was von Kumas Respekt und seiner Anerkennung für den Bestandsbau zeugt. Man betritt das Sake no Hana von der Ecke St James's / Ryder Street aus. Das Vestibül hat Kuma in dunklen Tönen gestaltet. Schwarze, glänzende Lackarbeiten zieren hier die Wände. Wer nicht die Sushi-Bar ansteuert, kann auf den beiden zentral im Eingangsbereich gele-

genen Rolltreppen oder mit dem Fahrstuhl in das Restaurant in der ersten Etage gelangen.

Die Grundrissorganisation der ursprünglichen Planung blieb im Restaurant unverändert, d. h., es wurden keine Wände entfernt oder versetzt; jedoch lässt die Zonierung davon nur noch wenig ahnen. Das Raumvolumen ist in unterschiedliche Bereiche aufgeteilt: in eine entlang der Fensterfronten angeordnete Zone, in der die

Gäste nach japanischer Tradition auf dunklen Tatami-matten sitzend, essen können, eine elf Meter lange Sake-Bar und einen Bereich mit an der Wand entlang laufenden Sitzbänken, Stühlen und Tischen. Hinter der Bar liegt außerdem ein privater Gastraum, in dem Platz für neun Personen zur Verfügung steht.

Eine aus Holz und Bambus gefertigte Struktur, die Decke und Teile der Wände verkleidet, ist der Blickfang,

der alle Zonen miteinander verbindet. Die Konstruktion mit hellen, breiten Balken und Bambusstangen ist an die traditionelle japanische Tempelbauweise angelehnt. Zehn japanische Handwerker stellten die Decke mit der gleichen Sorgfalt her, wie auch die von Kengo Kuma selbst entworfenen Möbel des Restaurants. Die Präzision in der Ausführung der Decken, Wände und Möbel sowie die Auswahl der Materialien tragen dazu bei, dass

mitten in London japanische Traditionen lebendig werden und die Architektur von Alison und Peter Smithson mit der Kengo Kumas verbunden wird.

Die Belichtung des Sake no Hana besinnt sich in ihrem Spiel mit Licht und Schatten auf die Traditionen Japans. Für den Sonnenschutz an den vier Meter hohen Fenster der Südseite des Restaurants wurde ein Material gewählt, das in seiner Farbgebung und Lichtdurchlässigkeit an traditionelle japanische »Sudare« erinnert. Diese japanischen Jalousien oder paraventartigen, wie Trennwände verschiebbaren Elemente aus Holz oder Bambus schützen die Veranda, Balkone und Gebäudeöffnungen vor Sonnenlicht, Regen oder Wind. Im Sake no Hana sind sie als vertikale Elemente eingesetzt, auf denen sich ein moiréartiger Effekt ergibt, wenn Licht von draußen durch sie hindurch in den Raum fällt. Bei Dunkelheit werden sie punktuell von unten durch Einbauleuchten in Szene gesetzt.

Mehr als sieben Jahre nach seiner Eröffnung im Jahr 2007 zählt das fast 600 Quadratmeter große Sake no Hana dank einer höchst vielfältigen und mit in der Zubereitung aufwendigen Gerichten bestückten Karte in London zu einer der ersten Adressen für Freunde der japanischen Küche. Und natürlich wird auch Sake angeboten, den man im Rahmen spezieller Veranstaltungen verkosten kann. Hier erhält man einen Einblick in die Geschichte des Getränks und die Anlässe, ihn zu trinken. Krönung ist dabei die Probe sieben unterschiedlicher Sakes. Man darf hoffen, dass auf die Teilnehmer zutrifft, was Basil Hall Chamberlain über das Getränk außerdem zu erzählen wusste: »Sonderbarerweise scheinen europäische Köpfe von Sake weniger angegriffen zu werden als die Japaner selbst.«[2]

---

[1] Chamberlain, Basil Hall: ABC der japanischen Kultur. Ein historisches Wörterbuch. (Things Japanese). Zürich 1990, S. 544f.

[2] ebd., S. 545

YOJISU

FEINKOST, RESTAURANT | AIX-LES-MILES (F)

Design: Studio Fremont, www.studio-fremont.com

Materialien: Beton, Holz, Stahl, Textilien | **Fertigstellung:** 2012

Kontakt: 130 Rue Bastide de Verdaches, 13290 Aix-En-Provence (F), www.yoji.fr | **Inhaber:** Tran Van Ba

Wer die Geschichte des Yojisu Feinkost und Restaurants erzählen möchte, kommt um die Geschichte des Vietnamesen Tran Van Ba nicht herum. Der Koch, der sich schon sehr früh für die japanische Küche begeisterte, weckte vor knapp dreißig Jahren im südfranzösischen Aix-en-Provence das Interesse für die kulinarischen Verlockungen Japans. Er eröffnete das Restaurant Yoji mitten in der Altstadt von Aix-en-Provence. Es wurde in Südfrankreich zu einer der ersten Adressen für Liebhaber dieser Küche. Vom Erfolg seiner Arbeit motiviert, entschloss sich Tran Van Ba, auch in dem auf den ersten Blick wenig attraktiven Gewerbegebiet Aix-les-Milles ein weiteres Lokal zu eröffnen, das Yojisu.

Inmitten des Gewerbegebiets, wo Büros, Supermärkte und Lagerhallen dominieren und sich ein TGV-Bahnhof befindet, hat er zusammen mit dem Architekten Olivier

Fremont ein neues Nutzungskonzept für eine bestehende Verkaufshalle entwickelt. Auf rund 800 Quadratmetern Fläche sollten Gastronomie und Ladengeschäfte miteinander verbunden werden und zudem genügend Raum für verschiedene Kochkurse entstehen. Tran Van Ba führt in diesen Kursen die Teilnehmer in die Kunst der Sashimi-Zubereitung, aber auch in die Grundlagen der japanischen Kochkunst ein, deren Reichtum und Frische hier zu besonderer Entfaltung kommen kann, weil sich im Gebäude die zentrale Fischverarbeitung für alle Lokale befindet, die Tran Van Ba betreibt.

Eine tragende Rolle bei dem Konzept, das Olivier Fremont entwickelte, spielen die eingestellten Stahlskelett-Pergolen, die den großen Raum wie eine Markthalle zonieren ohne ihm dabei seinen Lagercharakter zu nehmen. Sie überdachen die verschiedenen Bereiche des Lokals: die Tischgruppen, den Tresen, die Verkaufszonen. Je nach Erfordernis sind sie unterschiedlich gestaltet: im Restaurantbereich hängen roh belassene Holzlamellen von der Decke, wodurch eine angenehme Atmosphäre zum Speisen geschaffen wird. Die Decke der offenen Küche mit vorgelagerter Theke ist komplett verkleidet und nimmt die Küchentechnik auf. In den Verkaufs-Pergolen sind an den Wänden Regalböden in die Stahlkonstruktion eingehängt. So kann die Ware ansprechend zum Verkauf dargeboten

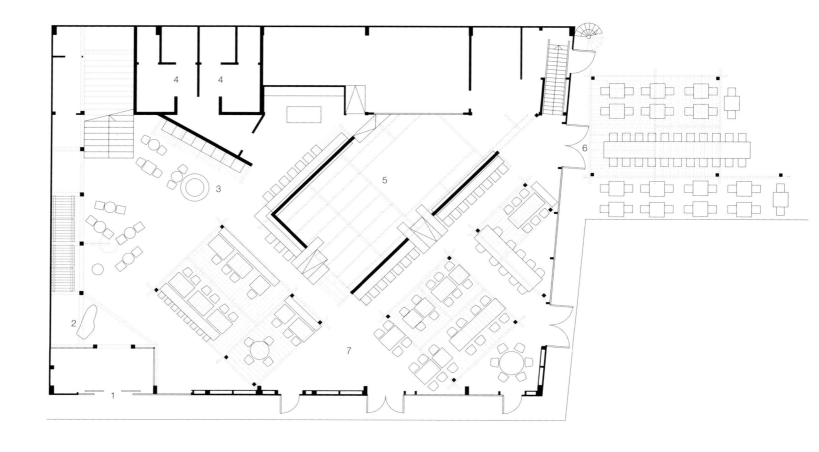

Grundriss
Maßstab 1:200

1 Eingang
2 Empfangsbereich
3 Verkaufsbereich
4 Toiletten
5 Küche
6 Außenbereich
7 Gastraum

werden. Zum Teil sind zwischen den vertikalen Stützen horizontale Stäbe eingefügt. Sie sind partiell gepolstert und fungieren dann als Rückenlehnen für die auf Bänken sitzenden Gäste. Von den Decken hängen japanisch anmutende Leuchten.

Nach dem Prinzip, nach dem auch Systemmöbel gefertigt sind, wurde hier ein ganzes Ladenlokal konzipiert.

Neben kühlem, schwarzem Stahl ist Holz das zweite dominierende Material. Stühle und Tische sind aus hellem Holz gefertigt, erstere mit Stoffen in hellen Braun- und Grautönen bezogen, was einen schönen Kontrast zu dem Schwarz des Stahls bildet. Weitere Akzente setzen Planken aus patiniertem Holz, die als Raumteiler fungieren, und halbhohe Bruchsteinelemente, die

als Einfassungen für Auslagen dienen. Unterschiedlich geformte Pendelleuchten, die das Licht gerichtet auf die Essplätze ausstrahlen sowie zum Teil zart bemalte Leuchten aus Reispapier, die den Raum in sanftes Licht tauchen, runden die Gestaltung des Inneren ab. Der grau glänzende Betonboden wirkt funktional und harmoniert sowohl mit dem hellen Holz als auch mit dem schwarzen Stahl der Pergolen.

Im Angebot des Ladengeschäfts findet man typisch japanische Lebensmittel, darunter diverse Nudelprodukte, Tofu und Algenblätter, typische Würzsoßen wie Soja, Teriyaki oder den Reiswein Mirin, aber auch kurios Anmutendes wie japanischen Whisky. Ein Sortiment von Gebrauchsgegenständen, etwa Keramik und diverse Messer, die in der japanischen Küche mit besonderem Bedacht geführt werden, ergänzt das Angebot. Auf der Speisekarte des Yojisu sind Gerichte wie Sushi und Maki vertreten, aber auch warme Mahlzeiten wie Nudelsuppen oder Tempura. Wer sie selbst zubereiten will, kann das bei Tran Van Ba in einem der angebotenen Kochkurse lernen.

GRAB EVERYDAY THAI FOOD

RESTAURANT | LONDON (GB)

Design: Mansikkamäki+JOY (heute: AGO Architects), www.agoarchitects.com
Team: Lee Pollock, Lifeforms Design; Marios Pompouris, Chiller Box

Materialien: Holzpaletten, verzinntes Wellblech, verzinkte Stahlrohre **| Fertigstellung:** 2011

Kontakt: GRAB (Old Street Branch), 5 Leonard Street, London EC2A 4AQ (GB), www.grabfood.co.uk
Inhaber: Grab Food

Die thailändische Küche hat zahlreiche Einflüsse aus anderen Ländern, etwa aus China oder Indien, erfahren. Ihre Gerichte sind dennoch ganz eigen. Wer einmal das feinwürzige, mit Kokosmilch, Chili, Fischsauce, frischem Koriander und Galgant ausbalancierte Geschmackserlebnis einer guten »Tom Kha Gai«, einer sehr populären Suppe mit Hühnchen genossen hat, wird das Besondere dieser Küche schon ahnen. Auch die zahlreichen gelben, roten und grünen Gewürzpasten, die, obwohl als Currypaste bezeichnet, kein Currypulver enthalten, sondern aus einer Mischung verschiedener Gewürze bestehen, sind Beispiel für die vielfältigen, im wahrsten Sinn des Wortes Geschmacksfeuerwerke, die diese Küche hervorruft.

In London Nahe der U-Bahn Station Old Street haben sich vier thailändische Freunde daran gemacht, die geschmackliche Vielfalt ihrer Heimatküche den Besuchern des kleinen Restaurants GRAB Everyday Thai Food näher zu bringen. Ihr erklärtes Ziel war es von Anfang an, das unkomplizierte, schnelle, an westliche Gaumen leicht angepasste thailändische Essen, das sie dort anbieten, zu einem erschwinglichen und gesunden Vergnügen zu machen, das sich möglichst viele Menschen leisten können – ganz so, wie es auch in Bangkok, der Hauptstadt Thailands, in vielen kleinen Restaurants der Fall ist.

Das Londoner Architekturbüro Mansikkamäki+JOY hat für das GRAB Everyday Thai Food diese Idee der Betreiber in ein architektonisches Konzept übersetzt. Das Büro nutzte für die Ausgestaltung des eher kleinen, rechteckigen Raums bezahlbare Materialien mit handwerklichem Charakter. Die Wand rechts vom Eingang ist mit hölzernen Europaletten verkleidet. Davor befindet sich eine Kühltheke und der Tresen, der ebenfalls mit roh belassenen Holzbrettern verkleidet ist. Die seriell angeordneten Holzbretter des Tresens und der Paletten strahlen eine rohe Strenge aus, die durch deren Rauheit der Oberfläche subtil gebrochen wird. Gewellte Paneele aus Metall verkleiden die Stirnseite des Raums.

Auch die Tischplatten bestehen aus einzelnen hölzernen Brettern, die auf einer Unterkonstruktion aus verzinkten Stahlrohren aufgebracht wurden. An den Tischen lässt man sich auf roten Plastikhockern nieder, die zum thailändischen Straßenbild selbstverständlich dazugehören.

Große, von der Decke hängende Glühbirnen beleuchten den Raum. Sie baumeln an roten und blauen Kabeln, die als besonderer Blickfang ein Netz an der Decke bilden.

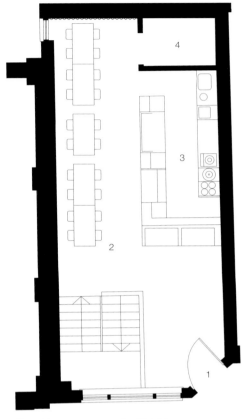

Grundriss
Maßstab 1:100

1 Eingang
2 Gastraum
3 offene Küche
4 Toiletten

HASHI IZAKAYA & JAPANESE KITCHEN

BAR, RESTAURANT | BERLIN (D)

Design: affect studio, www.affectstudio.com | **Team:** Bjørn Hoffmann, Sofia Borges (Konzept, Programmierung, Planung und Projektleitung); Ayaka Okutsu, Nobuhiko Murayama, Yota Okuyama, Mariana Riscado, Iohanna Nicenboim, Joseph Campbell, Camille Laporte, Charlotte Colgate, Marta Laviña Trujillo, Eduardo Conceição, Elisabeth Delfs, Per Warberg, Aida Gómez, Damien Murphy, Nathan Landers (Ausführung)

Materialien: Bambus, Polyamidfaser, Leinwand, Holz, Reis | **Fertigstellung:** 2012

Kontakt: Rosenthaler Str. 63, 10119 Berlin (D), www.hashi-kitchen.de | **Inhaber:** Ethan Ruo Xu

Seit dem Fall der Mauer brodelt es in Berlin. Der Stadtteil Mitte ist wohl eines der exponiertesten Laboratorien dieser boomenden Stadt, deren kreatives Potenzial in aller Munde ist. Die Freude am Experiment und die Offenheit für Neues ist dort noch immer an vielen Ecken und Enden zu sehen. In der Rosenthaler Straße wurde im Jahr 2012 mit dem Hashi Izakaya & Japanese Kitchen das erste Berliner Izakaya eröffnet. »Hashi

Mori« bedeutet so viel wie »Stäbchenwald«, das japanische Wort »Izakaya« lässt sich am ehesten mit dem deutschen Wort »Kneipe« übersetzen. Das Probieren und Genießen vieler Gerichte steht hier im Vordergrund. Es gibt keine Vor- oder Hauptspeisen im herkömmlichen Sinn, sondern man isst japanische Tapas und trinkt dazu guten Sake und kalte Biere in beliebiger Reihenfolge.

Der Betreiber der Hashi Izakaya & Japanese Kitchen, Ethan Ruo Xu, war nach einem längeren Aufenthalt in Vancouver und nach Abschluss seines Studiums der Betriebswirtschaftslehre wieder in die Stadt zurückgekehrt, in der er aufgewachsen ist. Sein Plan war, ein Restaurant zu eröffnen, wie es in der Stadt noch nicht bekannt ist. In Vancouver hatte Xu mehrere Izakayas kennengelernt und wusste daher, dass die dort ser-

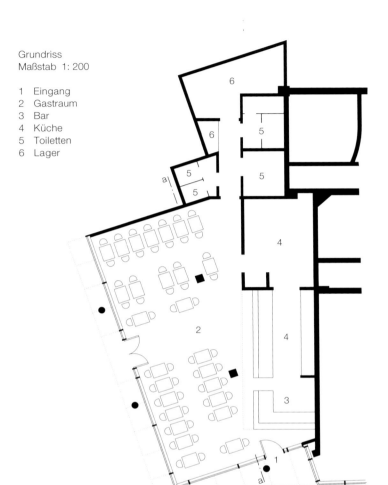

Grundriss
Maßstab 1:200

1 Eingang
2 Gastraum
3 Bar
4 Küche
5 Toiletten
6 Lager

vierte schnelle japanische Küche weit mehr zu bieten hat als Sushi. Diese hierzulande ungekannte Vielfalt wollte er nach Berlin holen. Er entdeckte auf der Suche nach einem geeigneten Ort für sein Izakaya den damals noch als Papierladen betriebenen Raum in der Rosenthaler Straße und war sofort begeistert.
Die beiden Architekten Bjørn Hoffmann und Sofia Borges von affect studio erarbeiteten für die Hashi Izakaya & Japanese Kitchen ein ambitioniertes innenarchitektonisches Konzept: »Wir wollten einen Raum schaffen, der zum einen das Angebot des Restaurants klar lesbar macht, jedoch neben dieser visuell-symbolischen Qualität auch eine haptische und sinnliche Erfahrung

bietet«, beschreibt Hoffmann den Kerngedanken des Entwurfs, für dessen Realisierung zunächst der vorhandene Ladenbereich entkernt und die entsprechende gastronomische Technik integriert wurde.

Man betritt den offenen, trapezförmigen Gastraum von der viel befahrenen Rosenthaler Straße aus. Rund fünfzig Sitzplätze warten dort auf die Besucher. An der rückwärtigen Längsseite liegt nicht nur der Tresen, sondern auch die offene Küche und der Raum für die Essenszubereitung. Obwohl das Restaurant auf zwei Seiten geschosshoch verglast ist, strahlt es eine heimelige Freundlichkeit aus und vermittelt das Gefühl von

Geborgenheit. Diesen Eindruck erzeugt vor allem die filigrane Deckeninstallation. Im digitalen Entwurfsprozess wurde die Deckenfläche am Computer dreidimensional modelliert und in liebevoller Handarbeit zu einem atmosphärischen Ganzen zusammenfügt. Asiatische Essstäbchen, die an Nylonfäden hängen, wurden für diese Deckeninstallation in serieller Reihung befestigt. Die 13 454 sorgfältig handgebohrten, -gebeizten und -geschnürten Bambusstäbchen bilden einen Baldachin, der im Luftraum über zwei Zonen mit Tischgruppen eine Reihe von unsichtbaren Kuppeln nachzuformen scheint. Mithilfe von 57 400 Knoten und über 20 Kilometern Nylonfaden entstand – gefertigt von 14 Mitarbeitern in rund einem Monat Handarbeit – die Skulptur, die zum Markenzeichen des Izakayas geworden ist. Die gleich langen, in unterschiedlichen Gelb- und Brauntönen gefärbten Stäbchen erzeugen durch die unterschiedliche Länge ihrer Hängung und dank der Leichtigkeit ihres feinen Materials ein interessantes Spiel aus Licht und Schatten. Dadurch strahlt der Raum eine lebhafte und doch kontrollierte Dynamik aus. Ethan Ruo Xu ist stolz, dass die Decke regelmäßig von Gästen fotografiert wird, die über diese Installation staunen.

Der Tresen aus Holz entlang der Fassade, die konkav und konvex zugeschnittenen Tischplatten und die farbigen Elemente aus dem warmtonigen Spektrum, allen voran ein ins Ocker spielendes Gelb, tragen dazu bei. Diese Wirkung verstärkt das Lichtkonzept, bei dem Spots die Deckenskulptur aus Stäbchen in ein effektvolles Licht tauchen.

Schnitt aa
Maßstab 1:100

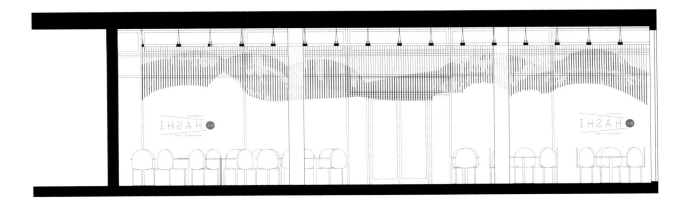

Das Restaurant lebt auch von der Liebe zum Detail. Die Stirnseite ziert eine Strukturtapete, die bei genauerem Hinsehen einen Wald abbildet und durch die indirekte Beleuchtung noch plastischer wirkt. Aus der Nähe betrachtet, verwandelt sich das am Computer gezeichnete Motiv in eine Strichzeichnung und löst sich in eine Struktur auf. Dieser visuelle Auflösungseffekt unterstreicht den magischen Charakter des Gesamtkonzepts.

Eintauchend in die kunstvoll erzeugte und zugleich selbstverständlich wirkende Atmosphäre kann der Gast in der Hashi Izakaya & Japanese Kitchen die zahlreichen kleinen Speisen genießen. Man sollte mehrere hintereinander bestellen, um einen Eindruck davon zu bekommen, auf welche Weise die japanische Küche eine Balance von verschiedenen Strukturen und Geschmacksrichtungen zu erreichen bestrebt ist.

MURAKAMI

RESTAURANT | LONDON (GB)

Materialien: Holz, Stahl, Sichtmauerwerk, Pflanzen | **Fertigstellung:** 2014

Kontakt: 63-66 St Martin's Lane, London WC2N 4JS (GB), murakami.london

Zwischen Leicester Square und Covent Garden findet sich in der Londoner St Martin's Lane mit dem Murakami ein japanisches Restaurant, in dem Sushi, Sashimi, Tempura und Spezialitäten von der offenen Flamme des »Robata-Grills« serviert werden. Wer das Restaurant betritt, gelangt in den großzügigen Gastraum, der durch die geschosshohen Fensterflächen tagsüber einladend und hell wirkt. Links und rechts neben dem Eingang befinden sich einige Sitzgelegenheiten mit Blick auf das Treiben draußen.

Dahinter erstreckt sich der Gastraum, der entlang einer Achse aus Tischgruppen in zwei Bereiche teilt. Auf der einen Seite kann man an der Sushibar den Sushi-Meistern bei der Arbeit zusehen. Auf der anderen Seite liegt die Theke, die sich über die gesamte Länge des Raums erstreckt und an deren Ende sich der Grill befindet.

Im rückwärtigen Teil des Gastraums, ein wenig abgetrennt von Sushibar und Theke, sind weitere Sitzplätze angeordnet, die sich gut für kleinere Gesellschaften

eignen. Hier sticht vor allem die mit Moos begrünte Rückwand ins Auge, die zusammen mit den Pflanztrögen in der Mitte des Gastraums eine natürliche Atmosphäre erzeugt.

Der offene Raum wird durch hellgraue Stahlträger und durch von der Decke abgehängte Holzgitter zoniert, in deren Konstruktion verschiedene dekorative Elemente, sowie unterschiedliche Leuchten eingehängt sind.

Im gesamten Raum ist die überaus sorgfältige und fein abgestimmte Kombination von Materialien und Farben

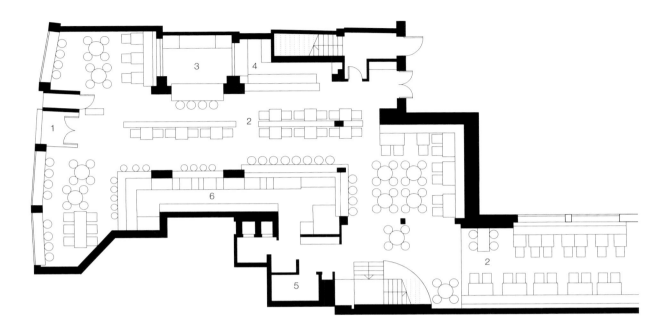

Grundriss
Maßstab 1:200

1 Eingang
2 Gastraum
3 Sake-Bar
4 Sushi-Theke
5 Toiletten
6 Robata-Grill

sichtbar: Die sechseckigen grauen Fliesen entlang der Theke verzahnen sich im Bereich der Tische mit dem hellen Holzparkett in einem spannungsvollen Spiel mit Kontrasten. Die Wandgestaltung reicht von weiß gekalktem Sichtmauerwerk über grauen Sichtbeton mit halbhohen Wandverkleidungen aus Holz bis zu der durch Glyzerin konservierten Mooswand. Auch das Beleuchtungskonzept spielt mit wechselnden Effekten. Industrielampen und gläserne Pendelleuchten sorgen für direktes Licht auf den Esstischen während streng symmetrisch angeordnete Deckenstrahler in den Barbereichen die Tätigkeiten der Sushi- und Grillmeister in dieser Zone im wahrsten Sinne des Wortes ins rechte Licht rücken.

Kontraste schaffen auch die unterschiedlichen Sitzmöbel: weiche Polstersofas, Stühle mit Sitzschalen aus Hartplastik, hölzerne Barhocker stehen im Murakami wie selbstverständlich nebeneinander. Die Detailfreude, mit der das Restaurant gestaltet wurde, ist überall zu spüren.

PICNIC

RESTAURANT, BAR | MÜNCHEN (D)

Design: Markus Härle, www.visuellart.de
Team: Luci Härle

Materialien: Stahl, Eichenholz, Betonspachtel, Feinsteinzeug
Fertigstellung: 2014

Kontakt: Barer Straße 48, 80799 München (D), www.picnicen.de
Inhaber: Markus Härle

Bei schönen Wetter locken sie die Gäste schon von der Straße aus an: Die aus grünen Stahlrohren gefertigten Vintage-Stühle und die dazu passenden Hocker mit ihren kanariengelben kreisrunden Sitzflächen laden ein, im PicNic Platz zu nehmen. Das Restaurant von Markus Härle, das vorher in München in der Türkenstraße unter dem Namen Pavesi PicNic seine Türen geöffnet hielt, ist nun in die nicht weit entfernte Barer Straße direkt gegenüber der Neuen Pinakothek umgezogen.

Hinter der Eingangstür, die auf der Innenseite mit einem transparenten, knallgelben Vorhang aus breiten Plastiklamellen verhängt ist, öffnet sich der rechteckige 55 Quadratmeter große Gastraum. Der Tresen an der Stirnseite, der von drei an der Decke montierten, gelb beschirmten Leuchten effektvoll in Szene gesetzt ist, empfängt die Gäste. Dahinter liegt der halb-offene Küchenbereich, wo man einen Blick auf die Zubereitung der Gerichte werfen kann.

Leuchtend gelb wie die Sitze der Hocker, der Vorhang und die Lampenschirme ist auch die Polsterung der Sitzbänke, die Teile des Gastraums links und rechts der Eingangstür umlaufen. Ansonsten ist die Gestaltung des PicNic eher zurückhaltend und nüchtern – mit dem grauen Boden und den mit Schiefertafeln verkleideten Wänden, wo die Tagesgerichte zu lesen sind. Die insgesamt elf Tische bieten Platz für rund 40 Gäste, die entweder auf den Sitzbänken oder auf den Vintage-Stühlen und Hockern Platz nehmen und sich durch die interessante Speisekarte probieren können.

Das Restaurant hat sich auf eine überschaubare Anzahl von Gerichten aus vorwiegend pflanzlichen Bestandteilen spezialisiert, wobei Fleisch keineswegs verpönt ist. Markus Härle hat die Rezepte auf seinen Reisen nach Thailand, Nepal und Indien aufgestöbert und kultiviert. Eine Spezialität auf der Karte sind die Momos, kleine tibetanische Bällchen mit Füllung, die sich mit chinesischen Dumplings vergleichen lassen. So besonders wie die Momos, die im PicNic neben Curries und Salaten auf der Karte stehen, sind auch die selbst entworfenen, schmalen, rechteckigen Deckenleuchten des gelernten Grafikdesigners Markus Härle. Sie enthalten zwei Lampen: Die untere ist dimmbar, die obere farbig. So lässt sich die Atmosphäre im Restaurant durch die Helligkeit und die unterschiedlichen Lichtfarben beliebig steuern.

Grundriss
Maßstab 1:200

1 Eingang
2 Gastraum
3 Theke
4 Toiletten
5 Küche
6 Büro

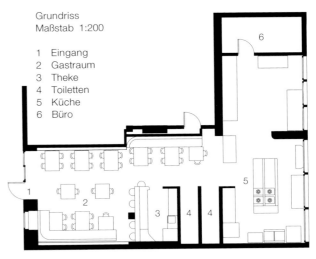

TEA MOUNTAIN

TEELADEN | PRAG (CZ)

Design: a1architects, www.a1architects.cz | **Team:** Lenka Křemenová, David Maštálka

Materialien: unbehandelte Esche (Möbel), Rauputz mit Holzkohlestücken (Wände) | **Fertigstellung:** 2013

Kontakt: Křižíkova 488/115, Karlín, 186 00 Prag 8 (CZ), www.teamountain.cz | **Inhaber:** Martin Špimr

Medizin war der Tee zuerst, Getränk wurde er danach.«[1] Mit diesen Worten beginnt »Das Buch vom Tee«, das Kakuzo Okakura, 1862 als Sohn einer Samurai-Familie geboren, im Jahr 1906 veröffentlichte. Es ist bis heute ein Klassiker. Tee gilt gleichermaßen als ein Genussmittel und als gesundheitsfördernd. Die Teekultur hat ihre Wiege nicht in Japan, wo Okakuras Buch entstand, sondern in China. Ihre frühesten Ursprünge sind nicht mehr nachzuweisen, aber schon mehr als zwei Jahrhunderte v. Chr. gab es unter der chinesischen Qin-Dynastie eine Steuer auf das Getränk, das – ganz wie Okakura schreibt – als Medizin galt. Der Wandel zum Genussmittel setzte in der Zeit der Tang-Dynastie (618-907) ein. Damals wurde Tee am Kaiserhof vermehrt als Genussmittel getrunken und auch in die Oberschicht eingeführt. Zeitgleich fingen Mönche in buddhistischen Klöstern damit an, während ihrer oft stundenlangen Meditationen Tee zu trinken, unter anderem, um wach zu bleiben – ein Effekt, den das im Tee befindliche Teein bewirkt. Während der Tang-Dynastie begann auch der Tee-Export ins Ausland, zunächst nach Korea und Japan.

Heute ist in vielen Länder und Kulturen ein Leben ohne dieses vielfältige Genussmittel nicht mehr denkbar. Grün oder fermentiert, als Pulver oder in Blätterform, lose oder in Beuteln – und neuerdings auch in Kapseln: Über Tees, Teekulturen und Teetrinker gäbe es viel zu erzählen.

Tea Mountain heißt der im Dezember 2013 fertiggestellte Laden in Prag, der ein exquisites Sortiment an qualitativ hochwertigen Tees aus Japan, Südkorea, Indien, Taiwan und China anbietet. Das mit dem Entwurf beauftragte Prager Büro a1architects entwickelte in intensiven Gesprächen mit den Eigentümern

des Ladens ein zweigeteiltes Konzept für das Tea Mountain.

Ein reduziertes Logo mit einem nach rechts gekippten, von einem Kreis umschlossenen T verweist von der Straße aus auf das Ladengeschäft. Das Logo deutet in seiner klaren, durchdachten Gestalt schon auf das innenarchitektonische Konzept des Ladens mit Café hin.

Zwei großzügige Öffnungen lassen Blickbeziehungen von Außen nach Innen zu und lenken somit die Aufmerksamkeit der Passanten auf das Tea Mountain.

Beim Eintreten stellt der Besucher fest, dass sich der Raum dahinter in eine helle und in eine dunkle Zone teilt. Ein Rundbogen im bestehenden Gewölbe markiert diesen Übergang. Der dunkelgraue, fast schwarz wirkende Bereich, in den man zuerst gelangt, bietet den Besuchern Sitzgelegenheiten und Tische. Dort kann man den Tee, der im Tea Mountain verkauft wird, in aller Ruhe verkosten. Aufgrund seiner in einem dunklen Ton gehaltenen Wände entsteht eine Atmosphäre, die Geborgenheit ausstrahlt. Den Wandputz im Aufenthaltsbereich des Tea Mountain haben die

Architekten mit Kohlestücken und Stroh durchsetzt. Diese Beimischung führt dazu, dass die glatte Oberfläche der Wand eine rauere Struktur erhält und subtile Anklänge an die Welt des Organischen, Lebendigen in sich birgt. Auch die aus Holz gefertigten Tische und Sitzgelegenheiten strahlen Natürlichkeit aus. Die schwarzen Beine der Hocker kontrastieren zu deren hellen, runden Sitzflächen; die hellen Tischplatten haben ebenfalls dunkle Beine.

Sitze und Tische werden von schwarzen, roh belassenen etwa armdicken Baumstämmen illuminiert,

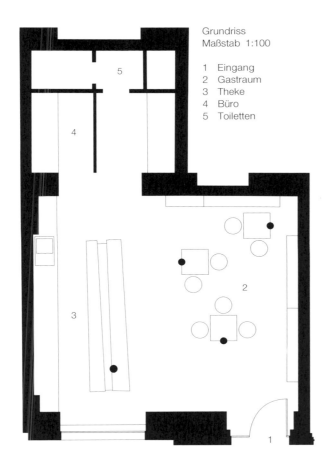

Grundriss
Maßstab 1:100

1 Eingang
2 Gastraum
3 Theke
4 Büro
5 Toiletten

die zwischen Decke und Boden in den Raum »eingespannt« sind. Über darin eingelassene goldfarbene
Schlitze gelangt ein warmes, gemütliches Licht auf
die Tische.

Den Verkaufsbereich jenseits des Rundbogens haben
die Architekten dagegen in hellen Tönen gehalten.
Der Präsentations- und Verkaufstresen, der sich über
zwei Drittel der Raumlänge erstreckt, ist aus einem
Stapel roher Eschenholzbretter von unterschiedlicher
Länge hergestellt. Auch die Regale neben und hinter
dem Verkaufstresen, auf denen die Tees zum Aus-
schank im Laden zubereitet und auch zum Verkauf

angeboten werden, sind aus diesem Holz gefertigt.
Erhellt wird der Tresen von fünf alternierend gehängten, kugelförmigen weißen Pendelleuchten aus Matt-
glas. Der Tresen erhält durch mehrere Hocker den
Charakter eines Barmöbels. Details wie etwa ein in
seine Oberfläche eingelassenes Tablett aus Kalkstein
überraschen die Besucher, die sich im Laden genauer
umschauen. Auf unterschiedlich hohen, roh belassenen Baumstämmen, die vor dem Fenster zur Straße
stehen, sind Gebrauchsgegenstände rund um den
Tee ausgestellt, die ebenfalls gekauft werden können.
Das Spiel mit Hell und Dunkel, der durchdachte Einsatz verschiedener Materialien und die ruhige Raum-

wirkung des Tea Mountain veranschaulichen, dass
es den Architekten gelungen ist, etwas vom »Geist
des Tees« in Architektur zu übersetzen. Es sind vor
allem die vielen Details, die hier zum wirkungsvollen
Gesamtbild beitragen. »Die nicht die Kleinheit großer
Dinge in sich fühlen, die werden auch die Größe kleiner Dinge in anderen übersehen«[2], heißt es bei Okakura. Etwas von der Weisheit dieses Satzes findet sich
wieder in der Gestaltung des Tea Mountain.

[1] Okakura, Kakuzo: Das Buch vom Tee. Frankfurt am Main/
Leipzig 1998, S. 9

[2] ebd., S. 11

LONG MARCH CANTEEN | YUMCHA HEROES GOODTIME GRILL | GLORY DUCK

RESTAURANTS | BERLIN (D)

Design: ett la benn – bischoff, dürler & gooßen gbr, www.ettlabenn.com

Materialien: Altholz, geschnitzte Paneele, Verschattungsnetze (Long March Canteen) | Acrylglas, Linoleum, Holz (Yumcha Heroes) | Kupferplatten und Kupfergewebe, Eichenholz (Goodtime Grill) | Textilgewebe, Holz, Teppich (Glory Duck) | **Fertigstellung:** 2012 (Long March Canteen) | 2009 (Yumcha Heroes) | 2013 (Goodtime Grill) | 2013 (Glory Duck)

Kontakt: Long March Canteen, Wrangelstr. 20, 10997 Berlin (D), www.longmarchcanteen.com | Yumcha Heroes, Weinbergsweg 8, 10119 Berlin (D), www.yumchaheroes.de | Goodtime Grill, Kurfürstendamm 90, 10709 Berlin (D), www.goodtime-grill.de | Glory Duck, Sonntagstr. 31, 10245 Berlin, www.gloryduck.de | **Inhaber:** Axel Burbacher, Guan Guan Feng (Long March Canteen, Yumcha Heroes) | The Hang Suparman, Willem Salim (Goodtime Grill) | Nguyen Truong Giang (Glory Duck)

»Wie wir alle wissen, schmeckt der Wein im Wohnzimmer nur halb so gut wie beim Sonnenuntergang am Meer. Die Atmosphäre ist entscheidend für das Geschmackserlebnis.« sagt Oliver Bischoff, Produktdesigner, Gründer und Mitinhaber des Berliner Designbüros ett la benn. Er ist Experte, wenn es um das Erzeugen einer ganz bestimmten Atmosphäre in Bars und Restaurants geht. Mit seinen Kollegen Danilo Dürler und Johannes Gooßen, hat sich Bischoff darauf spezialisiert, »Esskulturen zu entschlüsseln und sie in innovative und intensive Räume und Erfahrungen zu übersetzen.«

Die Long March Canteen in Berlin ist dafür das eindrücklichste Beispiel. Das Kreuzberger Restaurant, das die Atmosphäre einer chinesischen Garküche in das Berlin unserer Tage übersetzt, ist auf den ersten Blick leicht zu übersehen. Vor den Fenstern des Restaurants ist flächendeckend dunkles Maschengewebe gespannt, wodurch sich eine von außen hermetische, von innen zumindest deutliche Trennung zwischen öffentlichem und Innenraum ergibt.
Wer die Long March Canteen betritt, gelangt in einen langen, von halbtransparenten Bambusmatten und

Holzgittern flankierten Gang. Große blaue Neonschriftzüge aus asiatischen Schriftzeichen erleuchten diesen Bereich, der ansonsten in dunklen Farben gehalten ist. Von dort aus gelangt der Besucher in den großen Gastraum, der in einem kunstvoll inszenierten Halbdunkel liegt. Mit seinen langen Tafeln und runden Tischen bietet der Raum Sitzplätze für rund 116 Gäste. Die beachtliche Größe des Restaurants fällt aber aufgrund der dezenten Beleuchtung kaum auf. Die gläsernen Laternen, die die Designer aus China importiert haben, die indirekte Beleuchtung über Deckenstrahler

und die dekorativen Bilder mit asiatischen Motiven an den Wänden, tragen zu der spezifischen Atmosphäre der Long March Canteen bei.

Von allen Tischen aus sichtbar, ist in der Mitte des Raums eine Kochstelle mit kleinen, geflochtenen Bambuskörben platziert, in denen unterschiedlich gefüllte Dumplings gedämpft werden. Über dieser Art Herd steigt Wassernebel auf, der einen von den Kühlschränken ausgehenden roten Lichtschein reflektiert und ihn zum atmosphärischen Mittelpunkt der Long March Canteen werden lässt.

Bereits vom Flur aus lässt sich durch Bambusgeflecht ein Blick auf die Aktivitäten der Köche werfen. Es scheint fast, als wäre man mitten in China. Doch eine Eins-zu-eins-Übersetzung einer chinesischen Garküche wollen die Designer mit dem Restaurant nicht erschaffen. Das funktionierte auch hierzulande nicht, so Oliver Bischoff. Eine typisch chinesische Garküche würden die Menschen wahrscheinlich eher nicht aufsuchen, weil sie diese als ungemütlich, zu laut und zu chaotisch empfänden.

Es ging den Designern von ett la benn auch nicht um

den Export eines Stücks China nach Deutschland. Vielmehr wollten sie die Atmosphäre eines traditionellen Nachtmarkts herstellen. Die Ästhetik spielt dabei eine große Rolle. Sie muss den Ansprüchen der Gäste genügen und ihnen eine hinreichend große Projektionsflächen dafür bieten, ihr eigenes Bild von China im Restaurant wiederzuerkennen oder zu erweitern.

Was von der gesamten Planung eines Restaurants für den Gast sichtbar ist, so Oliver Bischoff, ist stets nur der geringere Teil. Besondere Aufmerksamkeit erfordern auch die Bereiche für die Zubereitung der Spei-

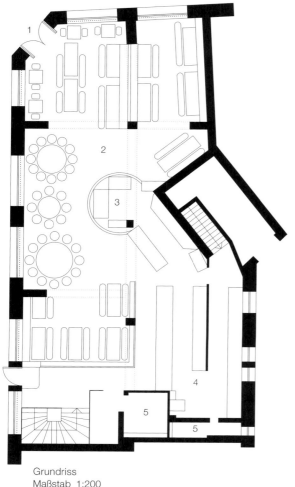

Grundriss
Maßstab 1:200

1 Eingang
2 Gastraum
3 Dampfstation
4 Küche
5 Toiletten

sen sowie die Lagerung und Kühlung der Lebensmittel, die dem Besucher in der Regel verborgen bleiben. Dank der durchlässigen Trennflächen kann der Gast etwas vom Geschehen im Hintergrund ahnen. Auch die Konzeption der »Dampfstation« verrät etwas von dieser planerischen Logistik: Hier leiten kreisrunde Ausschnitte in der Kessel-Abdeckung den Dampf in die Körbe. Dort tritt er wieder aus, verwandelt sich mithilfe der raffinierten Lichtplanung in eine leuchtende Wolke und verschwindet in der Abzugshaube.

Nicht selten importieren die Designer von ett la benn für ihre Entwürfe spezielle Geräte oder entwickeln Sonderbauten, um die Wünsche der Köche zu erfüllen. Manchmal sind das enorme Herausforderungen, denn im Grunde, so Oliver Bischoff, will jeder Koch etwas anderes für seine Küche.

Im Yumcha Heroes in Berlin-Mitte am Weinbergsweg liegt der gestalterische Fokus auf starken Farben und Kontrasten. Man betritt das kleine Lokal über die Terrasse, wo sich auch einige Tischgruppen befinden. Die Farbigkeit des Restaurants deutet sich im leuchtend gelben Neon-Schriftzug über der Eingangstür

Toilette, die ebenfalls bis ins Detail in Gelb gehalten ist. Auffällig ist im Restaurant auch die Gestaltung der Deckenleuchten. Die kreisrunden Formen, die ein wenig an große Schüttelsiebe erinnern, erzeugen durch ihre Umwicklung mit sich überlagernde Bahnen aus halbtransparentem, weißem Textil, wie es sich auch bei Gardinenstreifen in Arztpraxen und Büros findet, ein gedämpftes Licht und wirken zugleich in ihrer grafischen Anmutung optisch reizvoll.

Bei allen Entwürfen für Restaurants von ett la benn spielt die Ausrichtung der Küche eine entscheidende Rolle, oder, wie Oliver Bischoff sagt: »Der Teller ist die Bühne, meist entwickeln wir alles von dort aus. Wir gehen von innen nach außen und nicht anders herum. Während die meisten Architekten die Küche in den Raum platzieren, bauen wir den Raum um die Küche.« Dieser Kerngedanke wird auch im Goodtime Grill am Berliner Kurfürstendamm sichtbar. Das Restaurant sieht auf den ersten Blick vornehm zurückhaltend aus. Ett la benn haben im Goodtime Grill gedeckte Farben und kühle Materialien derart miteinander kombiniert, dass eine ruhige Raumwirkung entsteht. Auch hier beleuchten Spots in der Decke gezielt die Tische und Teller der Gäste während der restliche Raum eher indirekt illuminiert wird.

Gegliedert ist das Restaurant in zwei Teile: am Eingang befindet sich der Bar- und Lounge-Bereich mit Patisserie, von dort aus gelangt der Gast über zwei Stufen in das Restaurant mit einem offenem Grill als Blickfang. An die Patisserie angeschlossen liegt die Bar. Der dunkel gehaltene Raum mit anthrazitfarbenen Teppichen

an. Gelb ist eine von mehreren wirkungsvollen Farben im Konzept des Dumpling-Restaurants, das nach dem chinesischen Wort für »Tee trinken« benannt ist. Beim Betreten des Yumcha Heroes fällt dem Gast sofort die lilafarbene Trennscheibe zwischen Gastraum und Küchenbereich auf. Die Verglasung lässt sowohl für die

bis zu 30 Gäste im Inneren als auch von der Straße aus Blicke auf die Produktion der Dumplings zu und doch schafft sie durch ihre Tönung auch Distanz zwischen Küchen- und Gastraum. Ein weiterer starker Farbakzent ist der gelb gestrichene Durchgang zur Treppe, die ins Untergeschoss führt. Er weist den Weg zu der

an den Wänden sorgt für eine gedämpfte Akustik und verspricht eine angenehme Bar-Atmosphäre. Das Herzstück des Goodtime Grill ist jedoch der Gastraum, der Platz für rund 80 Besucher bietet. Hier kann man die gehobene asiatische Küche genießen. Dunkle Töne wie Umbra, Kastanie und Ebenholz wechseln sich mit kräftigen Nuancen wie Rot, Kupfer sowie dem Orange der Sitzbänke und Stuhlbezüge ab. Auch bei den Oberflächen haben ett la benn sich dem Spiel mit Kontrasten verschrieben: Glas, grauer Marmor oder Schiefer stehen warmen Materialien wie dem gebürs-

teten, graubraunen Eichenholz der Tische gegenüber. Transluzente Vorhänge aus kupferfarbenem Maschengewebe verbergen die Fenster zur Straße und dienen als Raumteiler. So entsteht zwischen den einzelnen Sitzgruppen eine gemütliche Atmosphäre.

Herzstück und somit zentrales Element im Gastraum ist der sogenannte Robata-Grill. Erfunden haben ihn die Fischer der nordjapanischen Insel Hokkaido. Sie versammelten sich um eine Feuerstelle, die als Wärmequelle und Kochgelegenheit diente. Die Speisen, die

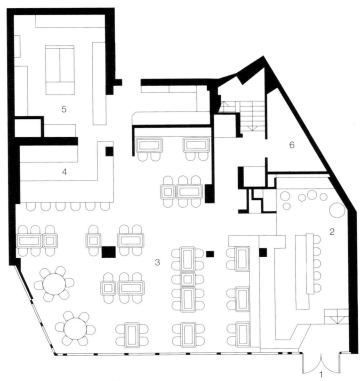

Grundriss
Maßstab 1:200

1 Eingang	4 Robata-Grill
2 Bar/Lounge	5 Küche
3 Gastraum	6 Toiletten

sie hier zubereiteten, wurden langsam bei hoher Temperatur gegrillt. Da die Fischer auch auf ihren Booten Speisen zubereiten wollten, nahmen sie die Holzkohle oft in Steingefäßen auf die Boote mit. Zunächst nur lokal verbreitet, genießt der Robata-Grill heute in ganz Japan und auch rund um den Globus große Popularität, besonders verbreitet ist er aber noch immer auf der Insel Hokkaido, genauer in der Fischerstadt Kushiro. Der Grill funktioniert, indem spezielle Kohle auf Temperaturen bis zu 1000 Grad erhitzt wird. Damit ist diese Kohle heißer als jede andere. Die Rückwand der Grillstation ist mit poliertem Kupferblech verkleidet, die Deckenverkleidung besteht analog dazu aus einem Kupfergitter.

Eine Treppe führt in das Untergeschoss zu den Toiletten. Der Flur mit weißen Wänden, Boden und Decke löst dort die Raumgrenzen optisch auf. Lichtboxen in regelmäßigen Abständen sorgen für eine ausreichende Beleuchtung.

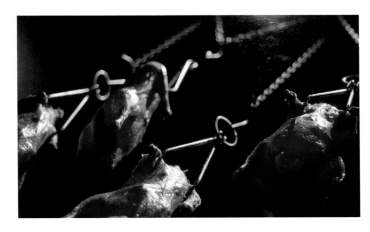

Über das Corporate Design sind auch im vietnamesischen Restaurant Glory Duck in Berlin-Friedrichshain sämtliche Komponenten des Entwurfs miteinander verbunden. Eine stilisierte Ente ist hier zum »Wappentier« geworden. Sie findet sich auf den Markisen im Außenbereich, auf der Website sowie der Speisekarte und sie ist auch ein Teil des Beleuchtungskonzepts. Eine übergroße Ausführung in Leuchtschrift ist an der von beiden Restaurantbereichen einsehbaren Wand neben dem Eingang montiert und lässt den Raum in rotem Licht erstrahlen.

Von außen wirkt das Restaurant eher unspektakulär, im Inneren wartet es aber mit einigen Effekten auf. Über den L-förmigen Grundriss des Restaurants legten die Gestalter ein verschränktes Raster, das in zwei virtuellen Fluchtpunkten zusammenläuft. Die Achsen dieses Rasters wurden zu Leitlinien im Raum und sind vor allem durch die entlang der Decke gehängten Stoffbahnen sichtbar, die konisch zu- und auseinander laufen. Der vordere Teil des Restaurants, der zur Straße hin orientiert ist, beherbergt die Bar. Ein langer Tresen fungiert zugleich als Raumteiler. Durch seine offene

Struktur lässt er den Raum größer wirken. Im hinteren Bereich dominiert eine Fototapete den Raum. Das in Pastelltönen gehaltene Bild zeigt ein Stück städtisches Vietnam im Panorama. Dessen Atmosphäre wird durch die Glühbirnen und durch eine authentisch wirkende Möblierung im Raum dreidimensional fortgesetzt.

An der Schnittstelle der zwei Bereiche des Gastraums haben die Designer das Maskottchen erneut in natura in Szene gesetzt. Hier hängen in einem Schaufenster geröstete Peking-Enten und bilden ein weiteres Authentizität erzeugendes Element.

ANHANG

WEITERE PROJEKTE

ASIEN

CALYPSO RESTAURANT & LOUNGE
1218 Middle Yan'an Road, Jing An Kerry Centre,
West Nanjing Road, **Shanghai** 200040 (CN)
www.calypsoshanghai.com

MRS. POUND
6 Pound Lane, Sheung Wan, **Hongkong** (HK)
www.mrspound.com

PAK LOK CHIU CHOW RESTAURANT
23-25 Hysan Ave Causeway Bay, **Hongkong** (HK)
www.pakloh.com

MATSUYA
Derech Menachem Begin 7, **Ramat Gan** (IL)
www.matsuya.co.il

CHOP CHOP STREET WOK
Ibn Gabiro St 20, **Tel Aviv** (IL)

TSUKIMICHI
3-26 Nishinakasu, Chūō-ku, Fukuoka-shi,
Fukuoka 810-0002 (J)
www.facebook.com/tsukimichi2013

KUROGANE
2-7 Nagarekawacho, Naka-ku, Toyo Perfume
Nagaregawa 2F, **Hiroshima** 730-0028 (J)
www.kuro-gane.jp

KANOYA RESTAURANT
4-18 Shinshigai Chuo-Ku,
Matsushita Bldg. 4F, **Kumamoto** 860-0803 (J)

SHATO HANTEN
3-6-4 3-6-4 Hommachi, B1F Hommachi
Garden City, **Osaka** 541-0053 (J)
www.shatohanten.com

SHUN SHOKU LOUNGE
Grand front desk Osaka Umekita-hiroba 1F, 4-1,
Ofukacho, Kita-ku, Osaka-shi, **Osaka** 530-0011 (J)

JUGETSUDO KABUKIZA
4-12-15 Ginza, 5F Kabukiza Tower, Chuo,
Tokio 104-0061 (J)

TETCHAN YAKITORI BAR
1 Chome-1 Kichijōji Honchō, Musashino-shi,
Tokio 180-0004 (J)

Tetchan Yakitori Bar, Tokio (J),
Kengo Kuma and Associates

Mrs. Pound, Hongkong (HK), NC Design & Architecture

140

Miss Ko, Paris (F), Philippe Starck

EUROPA

RA'MIEN
Gumpendorferstraße 9, 1060 **Wien** (A)
www.ramien.at

JACKIE SU
Langenstraße 10–12, 28195 **Bremen** (D)
www.jackiesu-bremen.de

FEI SCHO
Kolosseumstraße 6, 80469 **München** (D)
www.feischo.com

FRAU LI
Franziska-Bilek-Weg 1, 80339 **München** (D)
www.frauli-muenchen.de

LEDU – HAPPY DUMPLINGS
Theresienstraße 18, 80333 **München** (D)
www.ledu-dumpling.de

RICE
Kohlstraße 2, 80469 **München** (D)
www.restaurant-rice.de

KUO
Madrazo 135, 08021 **Barcelona** (E)
www.restaurantekuo.com

UMO
Hotel Catalonia Barcelona Plaza, Plaza España, 6-8,
08014 **Barcelona** (E)
www.restauranteumo.com

MISS KÔ
49/51 Avenue George V, 75008 **Paris** (F)
www.miss-ko.com

KANPAI
8-10 Grindlay Street,
Edinburgh EH3 9AS (GB)
www.kanpaisushi.co.uk

KHUSHI'S
10 Antigua Street, **Edinburgh** EH1 3NH (GB)
www.khushis.com

KOYA BAR
50 Frith Street, **London** W1D 4SQ (GB)
www.koyabar.co.uk

PING PONG WEMBLEY
UNIT 68-70, **London** HA9 0FD (GB)
www.pingpongdimsum.com

ROSA'S SOHO
48 Dean Street, **London** W1D 5BF (GB)
www.rosasthaicafe.com

ROTI CHAI
3 Portman Mews South, **London** W1H 6HS (GB)
www.rotichai.com

YOOBI
38 Lexington Street, **London** W1F 0LL (GB)
www.loveyoobi.com

WU TAIYO
Viale Monza, 23, 20127 **Mailand** (I)
www.monza.wutaiyo.com

KUKUMUKU
Vokiečių g. 6, LT-01130
Vilnius (LT)
www.kukumuku.lt

TUK TUK – THAI STREET FOOD BAR
Mokotowska 17, **Warschau** (PL)
www.facebook.com/tuktukbar

DARDENIA FISH + SUSHI GÖKTÜRK
İstanbul Cad. Country Life Sitesi.
Dükkan No:7-8 Göktürk/Eyüp, **Istanbul** (TR)
www.dardenia.com

FAR EAST, MAH.
İstinye Bayırı Cad. İstinyepark Alışveriş Merkezi No:11
D:256, **Istanbul** (TR)
www.fareast.com.tr

AUTOREN

CHRISTIAN SCHITTICH (HRSG.)

Dipl.-Ing. Architekt. Seit 1998 Chefredakteur der Zeitschrift DETAIL. Zahlreiche Reisen nach Asien während der letzten drei Jahrzehnte führten ihn zum Yakbuttertee ins abgelegene Nomadenzelt ebenso wie zu Geschäftsessen in exotische Meeresfrüchte-Restaurants in China und Japan.

NAOMICHI ISHIGE

Studium der Ethnologie und Agrarwissenschaften. Er untersuchte als anerkannter Experte für ethnologische und vergleichende Studien Ernährungs-, Kleidungs- und Lebensgewohnheiten in Ozeanien, Ostafrika und Asien. In Japan gilt er als Koryphäe auf dem Gebiet der Esskultur.
Von 1977 bis 2003 war er als Professor und als Generaldirektor des National Museum of Ethnology in Osaka tätig. Der emeritierte Professor ist Autor zahlreicher Bücher und Veröffentlichungen.

THOMAS LINKEL

Ausbildung zum Fotografen und Studium der Wirtschaftsgeografie. Seit 1998 Reporter und Fotograf für internationale Magazine in den Bereichen Reise, Portrait und Architektur sowie für die Unternehmenskommunikation internationaler Kunden. Im Rahmen seiner Produktionen hat er über 100 Länder bereist. www.thomaslinkel.com

GIN-YOUNG SONG

Studium der Empirischen Kulturwissenschaft, Religionswissenschaft und Germanistik in Südkorea und Deutschland. Seit 2013 wissenschaftliche Assistentin am Institut für Sozialanthropologie und Empirische Kulturwissenschaft – Populäre Kulturen an der Universität Zürich. Sie promoviert über südkoreanische Aneignungspraktiken von Kaffee in verschiedenen Bereichen des Alltags.

STEFAN STILLER

Ausbildung zum Koch. Anschließend fast 20 Jahre Koch und Küchenchef in deutschen Häusern, u. a. im »Gasthaus zur Kanne« in Deidesheim, wo er einen Michelin-Stern erhielt. Seit 2004 in Shanghai ansässig, hat er dort in unterschiedlichen Restaurants gearbeitet sowie sein eigenes Restaurant mit Kochschule geleitet. Mit seinem Beratungsunternehmen plant er Küchen und Konzepte für internationale Hotels und Restaurants. Im Herbst 2015 Eröffnung zweier neuer Restaurant-Konzepte in Shanghai, u. a. das »EAST – Modern Asian Eatery«. www.east-eatery.com

BEATE TRÖGER

Studium der Germanistik, Anglistik und Theater-, Film- und Fernsehwissenschaft. Seit 2000 als Literaturkritikerin und Autorin tätig, u. a. für die Frankfurter Allgemeine Zeitung, den Freitag, die Frankfurter Hefte und das Literaturblatt Baden-Württemberg, ebenso als Pressereferentin für Architekturbüros. Seit 2003 beschäftigt sie sich mit der Kultur und Geschichte Japans.

BILDNACHWEIS